자연 속 작은 차이를 발견하는 과학 지식

사소한 구별법

김은정 글·그림 | 이수종 감수

한권의책

저자의 글

사소한 차이를 구별하는 것에서
사랑이 시작돼요

여러분은 부엉이와 올빼미를 구별할 수 있나요? 부엉이에 대해서 따로 생각해 본 적 없다고요? 그럼 지금 한번 생각해 보세요. 부엉이 하면 다 아는 것 같지만 막상 부엉이와 올빼미를 정확하게 구별하는 사람은 그리 많지 않아요. 부엉이는 머리에 뿔이 솟아 있고 올빼미는 뿔이 없어 머리가 동그래요. 전 세계에는 200여 종의 부엉이와 올빼미가 있어서 전부 딱 들어맞지는 않지만 거의 맞아요. 그런데 부엉이와 올빼미를 구별해서 어디에 쓰냐고요? 사실 친구들이나 부모님 앞에서 약간 잘난 척하는 정도? 그것 말고는 딱히 쓸데는 없어요. 그런데 일단 구별을 하게 되고 나면 신기한 일이 생겨요. 특별히 노력하지 않아도 올빼미에 대한 또 다른 정보나 이야기가 잘 보이고 잘 기억되지요.

좋아하는 사람이 생기는 첫 단계가 다른 사람들과 그 사람이 구별되는 순간인 것처럼, 관심과 사랑의 첫 번째 단계가 바로 구별이거든요. 아주 비슷하게 생긴 녀석들과 구별할 수 있다면 이제 나는 올빼미를 확실하게 아는 거예요. 올빼미를 알게 되고 나면 올빼미를 모르던 때와 같은 마음일 수는 없어요. 길에 지나가는 모르는 아이와 아는 친구가 아프다거나 멀리 이사를 간다거나 하는 것이 같을 수가 없는 것처럼 말이죠.

그럼 이제 자연 속 꽃과 나무, 동물과 곤충의 사소하고 작은 차이를 구별하는 것으로부터 사랑을 시작해 볼까요?

저자 김은정

> 추천의 글

작은 차이를 한눈에
잡아낸 놀라움!

   과학자들은 자신의 이론을 설명할 때 흔히 비유를 사용한다. 갈릴레이와 아인슈타인도 비유를 이용해서 자신의 생각을 대중들이 이해하기 쉽게 설명하려고 했다. 과학 수업에서도 비유는 중요한 교육 방법 가운데 하나이다.

   또 다른 좋은 방법은 비슷한 것을 비교하는 방법이다. 비교 대상이 있다면 이 방법보다 효과적인 방법은 별로 없다. 이런 의미에서 《사소한 구별법》은 과학 교육에 충실한 책이다.

   더욱이 저자가 그림을 직접 그리고 글을 써서 완성도를 높인 것은 이 책이 뛰어날 수밖에 없는 이유이다. 레오나르도 다빈치는 화가로 알려져 있지만 사실 뛰어난 과학자이기도 했는데 그가 위대한 것은 인체를 직접 해부하면서 그 결과를 그림으로 그렸기 때문이다. 교사들이 알고 있지만 표현하지 못했던 것을 그림과 글로 엮어 출판한 이 책은, Super Great!

서울 신연중학교 과학 교사 이수종

차례

저자의 글 · 추천의 글 2

귀가 작으면 **아시아코끼리, 아프리카코끼리** 귀가 크면 6

얼굴에 세로줄이 뚜렷하면 **삵, 고양이** 그렇지 않으면 12

주둥이 모양이 U자형이면 **앨리게이터, 크로커다일** 주둥이 모양이 V자형이면 16

뿔이 있으면 **부엉이, 올빼미** 뿔이 없으면 20

배영을 하면 **해달, 수달** 자유형을 하면 24

매화 무늬 안에 점이 있으면 **재규어, 표범** 매화 무늬 안에 점이 없으면 28

고양잇과 동물들을 구별해 볼까요? 32

피부가 촉촉하고 미끌미끌하면 **도롱뇽, 도마뱀** 피부가 거칠고 물기가 없으면 34

땅 위에 서 있으면 **두루미, 황새** 나무 위에 앉아 있으면 38

엉덩이에 흰 털이 있으면 **노루, 고라니** 엉덩이에 흰 털이 없으면 42

꽃과 잎이 공중에 떠 있으면 **연꽃, 수련** 꽃과 잎이 수면에 붙어 있으면 46

가지가 위로 뻗으면 **은행나무 수나무, 은행나무 암나무** 가지가 옆으로 뻗으면 50

꽃만 있으면 **진달래, 철쭉** 잎과 꽃이 함께 있으면 54

대나무는 풀일까요, 나무일까요? 58

꽃이 줄기에 딱 붙어 뭉쳐서 피면 **생강나무, 산수유** 꽃이 우산살처럼 퍼져 나온 꽃자루 끝에 피면 60

이삭의 솜털이 갈색으로 보이면 **갈대, 억새** 이삭의 솜털이 은색으로 보이면 64

잎집 하나에 바늘잎이 2개면 **소나무, 잣나무** 잎집 하나에 바늘잎이 5개면 68

몸에 털이 없고 반질반질하면 **사슴벌레, 장수풍뎅이** 몸에 털이 보송보송하면 72

날개가 2장이면 **꽃등에, 꿀벌** 날개가 4장이면 76

벌레와 곤충을 구별할 수 있나요? 82

> 귀가 **작**으면 **아시아코끼리**
> 귀가 **크**면 **아프리카코끼리**

아시아코끼리는 몸높이가 2.5~3미터 정도이고 몸무게는 4~5톤 정도 되는데, 최고 8톤까지 나가는 경우도 있어요. 아프리카코끼리보다 좀 더 작아요. 동남아시아와 인도, 중국 남부 일부에 살아요. 인도에 가장 많이 살고 있어서 인도코끼리라고도 해요. 중국에 사는 코끼리도 중국코끼리가 아니라 아시아코끼리예요.

아시아코끼리

머리 양쪽이 혹처럼 솟아 있어요.

귀는 작고 사각형 모양이에요.

아프리카코끼리보다 주름이 훨씬 적어요.

수컷은 엄니가 있고 암컷은 엄니가 작거나 없어요.

뒷발 발가락은 4개예요.

코끝에는 돌기가 위쪽에 1개뿐이라 물건을 쥐지는 못하고 코로 말아서 잡아요.

앞발 발가락은 5개예요.

아프리카코끼리는 몸높이가 3~4미터 정도이고, 몸무게는 6~7톤, 최고 12톤까지 나가요. 육상 동물 중 가장 크고 아프리카의 사하라 사막 아래쪽에 살고 있어요.

아프리카코끼리

귀는 삼각형 모양이에요.

암수 모두 엄니가 있어요. 엄니는 평생 동안 계속 자라요.

아시아코끼리보다 주름이 훨씬 많아요.

코끝 돌기가 위아래 2개 있어서 물건을 잡을 수 있어요.

뒷발 발가락은 3개고요.

코끼리는 발바닥이 두꺼워서 충격을 흡수하기 때문에 걸을 때 거의 소리가 나지 않고, 큰 몸집에도 불구하고 발자국도 거의 나지 않아요.

앞발의 발가락은 4개예요.

아시아코끼리는 옆에서 보면 머리 위가 혹처럼 솟아 있고 등이 아치형으로 올라가 있어요.

아프리카코끼리는 옆에서 보면 이마가 납작하고 귀가 어깨를 덮을 만큼 크고 등은 가운데가 오목해요.

아프리카코끼리 귀가 더 큰 이유는 더 더운 곳에 살기 때문이에요. 코끼리는 땀샘이 없어서 귀를 부채처럼 펄럭여서 높아진 체온을 내려요. 귀에 혈관이 빽빽이 모여 있어서 귀의 혈관에 흐르는 피를 식히면 몸의 온도가 내려가죠. 그래서 아시아코끼리보다 더 더운 곳에 사는 아프리카코끼리의 귀가 더 커진 거예요. 아프리카코끼리의 몸에 주름이 더 깊고 많은 것도 같은 이유예요. 코끼리는 체온을 내리기 위해 몸에 물을 뿌리거나 진흙 목욕을 하는데 주름이 많이 져 있으면 몸에 묻은 물이 빨리 마르지 않아 오랫동안 몸을 시원하게 해 주거든요.

코끼리 코에는 뼈가 없어요. 모두 근육으로 되어 있어서 어느 방향으로든 자유롭게 움직일 수 있어요. 또 신경이 몰려 있어서 매우 섬세하고 예민해 코로 물체의 모양, 표면의 거친 정도나 온도 등을 다 느낄 수 있어요. 코끼리는 물을 먹고 풀을 뜯는 것뿐만 아니라 다른 코끼리와 의사소통도 하고 코로

아시아코끼리는 사는 곳이 밀림이나 숲속으로 그늘이 많아서 아프리카코끼리보다 귀도 작고 몸의 주름도 더 적어요.

못 하는 게 없어요. 실제로 사람의 손처럼 쓰지요.

코로 더듬어 냄새를 맡아 상대편 기분과 상태를 알아내기도 해요. 또 코를 이용해 소리를 내어 대화하는데, 주로 초저주파를 이용하기 때문에 사람은 들을 수 없어요. 현재까지 70여 개의 단어를 찾아냈다고 해요. 동료가 부를 때 "새끼를 돌봐야 해서 그쪽으로 갈 수 없어."라고 대답할 수 있을 정도로 상당한 수준까지 대화가 가능하대요.

수컷 코끼리가 코를 입에 넣으면 어른에게 인사하는 거예요.

코를 높이 쳐들고 소리를 지르며 "위험해!"

코로 서로 더듬으며 "사랑해요."

엄마 꼬리를 잡을 때도 코를 써요. 엄마를 잘 따라가야 해요.

코끼리는 인간과 돌고래 다음으로 지능이 높아요. 매우 영리하고 기억력이 좋다고 알려져 있어요. 특히 아프리카코끼리는 기억력이 뛰어난 만큼 복수심과 집착력도 강하다고 해요. 나쁜 일 당한 것을 잊지 않는 거죠. 혹시 코끼리를 만나더라도 괴롭히거나 놀리면 절대 안 돼요. 꼭 기억해서 반드시 복수한다니까요.

아기 코끼리는 코를 사용하는 것도,
초저주파를 내서 의사소통하는 것도 서툴러요.
저절로 되는 게 아니라는 거지요.
자라면서 배워 가는 거예요.

이동할 때는 아기 코끼리를 어른 코끼리
사이에 넣어서 다녀요. 위험이 닥치면
어른들이 둘러싸서 보호해요.

코끼리는 보통 20마리 안팎으로 무리를 지어 생활하는데, 한 무리의 코끼리는 모두 한 가족으로 할머니, 엄마, 이모, 사촌 언니 들이에요. 어른 수코끼리는 없어요. 어른이 된 수코끼리는 무리에서 쫓겨나 혼자 살거나 2~3마리씩 모여 살아요. 짝짓기 할 때만 수코끼리를 무리에 들여요.

코끼리는 풀, 나뭇잎, 열매, 나무껍질 등을 먹는데 덩치가 큰 만큼 많이 먹어야 해요. 먹이는 하루에 230킬로그램, 물은 100리터 정도 먹어야 하죠. 이렇게 많이 먹어야 하는데, 아프리카의 건기에는 물도 풀도 없기 때문에 아프리카코끼리는 물과 먹이를 찾아 아프리카 남쪽과 북쪽을 이동하면서 살아요.

이동할 때 무리를 이끄는 건 가장 나이가 많은 할머니 코끼리예요. 코끼리는 평생 성장하기 때문에 나이가 가장 많은 코끼리가 가장 커요. 하지만 할머니 코끼리가 몸집만으로 대장이 되는 건 아니에요. 많은 경험과 경험한 것을 잊지 않는 기억력으로 무리를 이끄는 거예요. 이러한 경험과 지식은 어린 암컷들에게 전해지죠. 나중에 대장 할머니가 죽으면 가장 나이가 많은 암컷 코끼리가 대장이 돼요.

옛날에는 코끼리의 종류가 여러 가지였지만 지금은 아시아코끼리와 아프리카코끼리 두 종류뿐인데, 아시아코끼리는 아프리카코끼리와 당연히 가까운 사이지만 놀랍게도 매머드와 더 가까운 종이랍니다. 아시아코끼리, 아프리카코끼리, 매머드의 공통 조상에서 아프리카코끼리의 조상이 되는 종이 먼저 나뉘고 매머드와 아시아코끼리가 같은 조상에서 나뉜 거래요. 매머드를 복원한다고 할 때 중요한 역할을 할 수 있는 건 아시아코끼리 쪽이라는 거죠.

매머드예요. 아시아코끼리와 더 비슷해 보이죠?

아프리카코끼리 아시아코끼리
매머드
공통 조상 코끼리

진화의 나무

> 얼굴에 **세로줄**이 뚜렷하면 **삵**, 그렇지 않으면 **고양이**

삵

귀가 얼굴에 비해 작고 둥근 편이에요.

꼬리는 굵고 무거워서 아래로 처져요.

삵은 살쾡이라고도 해요. 몸길이가 55~90cm, 몸무게는 3~7kg 정도로 보통 고양이보다 커요. 인도와 동남아시아 등지에 살고 있어요. 호랑이, 표범, 늑대가 사라진 우리나라에서는 가장 강한 야생 맹수지요. 삵은 고양이와 달리 잘 보이는 곳에 똥을 누고 덮지 않는대요. 또 헤엄도 잘 치지요.

얼굴에 선명하게 난 1쌍의 흰 줄과 검은 줄이 우리나라 삵의 특징이에요. 삵은 고양이보다 몸집이 크고 몸통에는 검은 점무늬가 불규칙하게 나 있어요. 그리고 귀는 얼굴에 비해 작고 둥근 편이에요. 꼬리는 길지만 통통하고 묵직해요.

삵은 고양잇과 동물로 고양이와 비슷하게 생겼어요. 특히 새끼 때는 정말 구별하기 어렵지요. 둘 다 아주 귀여우니까요. 새끼 삵을 새끼 고양이인 줄 알고 키웠다는 얘기도 많아요.

고양이

고양이 귀는 세모 모양이에요.

일반적으로 '고양이'라고 하면 인간에게 길들여진 '집고양이'를 말해요.
오늘날 고양이는 80여 종류가 있는데 거의 다른 품종과 짝짓기 해서 태어난 고양이예요. 그래서 종에 따라 크기, 털의 색깔과 감촉이 다양하고
큰 차이가 있지만 대부분의 고양이는 몸무게가 2.5~4.5kg쯤 나가요.

고양이와 삵은 분류학적으로 속이 다르고 오랜 기간 서로 다른 진화 과정을 거쳤다고 해요. 삵이 고양이의 직접 조상이 아니라는 거예요. 하지만 둘은 짝짓기를 해서 새끼를 낳을 수 있는 가까운 친척이에요. 그래서 둘은 습성이 비슷하고 사냥에 적합한 특징들을 가지고 있지요.

어두운 곳에서도 잘 볼 수 있는 눈, 강한 이빨과 숨길 수 있는 발톱, 작은 소리도 놓치지 않는 청각, 높은 곳에서도 잘 뛰어내릴 수 있는 균형 감각과 운동 능력 등, 고양잇과 동물들은 모두 육식 동물로 기본적으로 타고난 사냥꾼이거든요.

고양이 수염은 아주 예민해서 '감각모'라고 불리는데 마치 사람의 손과 같대요. 수염에 물체가 닿으면 물체의 상태를 알 수 있고 바람이 불어오는 방향이나 온도까지도 알 수 있다고 해요. 수염의 끝을 이으면 원이 되는데 이 원의 둘레와 몸 둘레가 같아요. 그래서 수염으로 공간을 재서 좁은 곳을 빠져나가는 거예요.

흔히 야생 고양이가 쥐잡이용으로 길들여져 인간과 함께 살게 되었다고 하지요. 사실 길들여졌다고는 하지만 고양이는 야생의 능력을 그대로 가지고 있고 인간과 주종 관계를 맺지 않는 동물로 인간이 길들인 다른 동물들과 달리 거의 쓰임새가 없어요. 요즘에는 쥐가 없는 곳도 많고 예전에도 쥐를 잘 잡는 동물로 고양이만 있었던 건 아니지요.

코 인사는 친한 고양이들끼리의 기본적인 인사법이에요.

아기 고양이들은 자기 젖꼭지를 정해 놓고 먹는대요.

다 자란 고양이들은 서로 울음소리로 소통하지 않아요. 고양이가 '야옹' 하고 우는 건 사람들과 얘기 나누기 위한 거예요. 고양이들끼리는 자세나 움직임으로 의사 표시를 해요. 꼬리를 올리는 건 보통 인사법이에요. 보통 서열이 높은 고양이가 꼬리를 빳빳하게 세운대요. 서로 그루밍을 해 주는 건 아주 친하다는 뜻이에요.

아비시니안, 샴, 벵골 고양이는 대표적인 단모종 고양이예요. 페르시안과 랙돌 고양이는 대표적인 장모종 고양이고요.
아비시니안은 가장 오래된 고양이 종류 중 하나로, 인간이 처음 기르기 시작한 이집트 고양이라고 해요.
벵골 고양이는 삵과 교배된 고양이여서 삵과 많이 닮았어요. 털이 긴 고양이는 고양이를 애완용으로 기르면서
생겨난 종류라서 페르시안 고양이는 사냥을 못 한대요.

아비시니안   샴   벵골   페르시안   랙돌

그럼에도 고양이가 오랜 시간 인간과 함께 살아온 것은 나름의 방법으로 사람들과 마음을 주고받고 애정을 표현하는 방법을 터득한 때문이 아닐까요?

동물이 몸을 핥는 것을 '그루밍'이라고 해요. 고양이는 몸이 유연하고 피부가 늘어져 있어 혀가 닿지 않는 곳이 없어요.

암컷 고양이는 오른발잡이, 수컷 고양이는 왼발잡이인 경우가 많대요.

무섭거나 화가 났을 때 귀를 뒤로 젖히거나 털을 세우고 입을 벌려 '하악' 소리를 내요.

보통 야생 고양이는 얼룩무늬이지만 집고양이는 인간과 함께 살면서 더 이상 위장하지 않아도 되어서 무늬와 색깔이 다양해요. 흰색, 노란색, 검은색이 함께 있는 삼색 고양이는 거의 암컷이에요. 드물게 있는 수컷 삼색 고양이는 생식 능력이 없대요.

고양이는 기본적으로 단독 생활을 하지만 먹이가 충분하면 무리를 지어 모여 살기도 해요.
하지만 갯과 동물처럼 조직적으로 사회생활을 하는 건 아니에요. 그냥 모여만 지내는 거지요.
그래서 갯과 동물들은 친근감을 나타내는 표현이 많고, 고양이들은 경계하는 표현이 많대요.

> 주둥이 모양이 U자형이면 앨리게이터,
> 주둥이 모양이 V자형이면 크로커다일

앨리게이터는 주둥이가 넓고 짧은 편이에요. 넓고 강한 턱으로 거북뿐 아니라 포유류까지 다양한 먹이를 잡아먹을 수 있어요.

앨리게이터

크로커다일은 주둥이가 길고 뾰족한 편이에요.

크로커다일

악어는 크게 앨리게이터, 크로커다일, 가비알 3종류로 나뉘어요. 가비알은 몸집이 작고 주둥이가 길고 가늘어서 쉽게 구별할 수 있지만 앨리게이터와 크로커다일은 쉽게 구별하기 어려울 만큼 닮았어요.

앨리게이터는 주둥이가 넓고 짧은 편이에요. 미국과 중국에 사는 종류와 '카이만'이라고 불리는 종류가 있어요. 양쯔강악어, 미시시피악어, 검정카이만 등이 앨리게이터예요. 앨리게이터는 주로 민물에서 살아요. 크로커다일보다는 온순하다고 알려져 있어요.

앨리게이터는 이빨이 잘 보이지 않아요. 위턱이 아래턱보다 넓어서 입을 다물면 아랫니가 가려져요.

크로커다일은 옆에서 보면 입을 다물었을 때 아래턱 네 번째 이빨이 보여요. 이빨이 입 가장자리에 나 있어서 입을 다물어도 이빨이 드러나 보이는 거예요.

가비알의 긴 주둥이에는 작지만 날카로운 이빨들이 나 있어요. 인도 갠지스강에 1종만 살아요.

크로커다일은 주둥이가 길고 뾰족한 편이에요. 크로커다일은 세계 여러 곳의 열대 지방에 살며, 크기도 매우 다양해요. 아메리카악어, 인도악어, 나일악어, 바다악어 등이 있어요. 크로커다일은 강, 호수, 저수지뿐만 아니라 바다에서도 살아요. 바다악어는 몸길이가 3~6미터 정도이고 무게가 1톤이 넘는 것도 있어서 현재 살아 있는 파충류 중 가장 커요. 크로커다일은 '울퉁불퉁한 벌레'라는 뜻인데, 생긴 것만큼 성질이 무척 사납다고 알려져 있어요.

피부는 비늘로 덮여 있고, 갑옷처럼 거칠고 단단해요. 그런데도 감각은 매우 예민해서 빗방울 하나가 물 위에 떨어지면서 일으키는 잔물결도 느낄 수 있어요.

뒷발에는 물갈퀴가 있어서 물속에서 자유롭게 움직일 수 있어요. 하지만 앨리게이터는 물갈퀴가 거의 없어요.

눈과 콧구멍이 머리 위쪽에 붙어 있어요. 물속에서 생활하기 알맞게 생겼어요.

가비알악어는 주로 물고기를 먹어요. 그래서 미끈미끈한 물고기를 놓치지 않게끔 주둥이가 좁고 이빨은 날카로운 거예요. 한편 크로커다일과 앨리게이터는 가비알보다는 주둥이가 짧고 넓으며 턱이 강력해서 거북뿐 아니라 포유류까지 다양한 먹이를 잡아먹을 수 있어요.

악어는 물속에서 생활하기 알맞게 생겼어요. 눈과 콧구멍이 머리 위쪽에 붙어 있기 때문에 몸이 거의 물에 잠겨 있어도 눈으로 보거나 숨을 쉬는 데 아무런 불편함이 없어요. 그래서 악어는 땅 위보다 물속에서 지내기가 더 편하답니다. 그렇지만 물속에서만 살 수는 없어요. 악어는 스스로 체온을 유지하지 못하는 파충류이기 때문에 이따금씩 물에서 나와 햇볕을 쬐어 체온을 올려야 하지요. 그래서 땅과 물을 오가며 사는 거예요.

눈꺼풀 안에 투명한 막이 있어서 물속에서도 눈을 뜨고 앞을 볼 수 있어요.

콧구멍을 열었다 닫았다 할 수 있어서 물속에 있어도 물이 들어갈 염려가 없어요.

목구멍 안에는 판이 있어요. 물속에 들어가면 판이 닫혀서 물이 목구멍으로 들어가지 않게 해 주지요.

입이 아주 커요. 무척 단단하고 날카로운 이빨도 있어요. 무는 힘이 엄청나서 사자의 2배, 상어의 6배라고 해요. 위아래 이빨이 엇갈려 나 있어서 입을 꾹 다물면 먹이가 빠져나올 수 없답니다. 이빨은 사는 동안 40~50번 새로 나기 때문에 늘 날카롭게 유지돼요.

    알도 땅 위에 낳아요. 짝짓기가 끝난 암컷은 두 달 뒤 물에 잠길 염려가 없는 어두컴컴한 곳에 둥지를 만들어 40~60개의 알을 낳아요. 그리고 새끼가 깨어날 때까지 석 달 동안 아무것도 먹지 않고 알을 지켜요. 새끼가 깨어나면 입 안에 담아 물가로 옮기지요. 새끼가 혼자 수영을 할 수 있을 때까지 돌보는데, 이런 행동은 조류에 가까운 특징이에요. 다른 파충류들은 알을 돌보지 않거든요. 대신 알을 많이 낳지요.

    악어가 처음 지구에 나타난 때는 약 2억 년 전, 공룡이 한창 지구를 지배하고 있을 즈음이었지요. 오늘날 공룡은 모두 사라졌지만 악어는 650만 년 동안 모습이 거의 바뀌지 않은 채로 살아남았답니다. 기후 변화에 잘 적응했을 뿐만 아니라 어떤 동물이든지 닥치는 대로 사냥해서 먹고, 또 먹지 않고도 오래 견딜 수 있기 때문이에요. 악어는 먹지 않고도 2년을 살 수 있거든요.

새끼 20마리를 한 번에 옮길 수 있어요. 새끼의 성별은 알 상태일 때 주변의 온도에 따라 달라져요. 31.6도일 때 수컷이 되고, 그보다 높거나 낮으면 암컷이 돼요.

뿔이 있으면 부엉이, 뿔이 없으면 올빼미

우리가 흔히 뿔이라 부르는 부엉이의 귀는 귀나 뿔이 아니고 뿔 모양 깃이에요. 귀깃 또는 귀뿔깃이라고 하는데, 얼굴을 꾸미려고 세운 깃털이랍니다.

우리나라에서는 부엉이와 올빼미를 나눠서 불러요. 그래서 부엉이와 올빼미의 구별법은 우리나라에서만 필요하다고 할 수 있어요. 영어로는 구별하지 않고 모두 아울(owl)이라고 부르기 때문에 더 많이 헷갈리는 거예요.

부엉이

수리부엉이
몸길이가 67cm 정도로 우리나라에 사는 올빼미류 중 몸집이 가장 커요. 텃새이고, 절벽 위 바위틈, 작은 동굴이나 평평한 땅바닥에 둥지 없이 알을 낳아요.

우리 조상들은 울음소리로 동물이름 짓는 걸 좋아했어요. 부엉이는 '부엉부엉' 운다고 부엉이, 소쩍새는 '소쩍소쩍' 운다고 소쩍새라고 부르는데 사실은 부엉이, 소쩍새, 올빼미는 모두 한 종류의 새예요. 생김새와 우는 소리가 조금씩 달라 우리나라에서는 다른 이름을 가지게 되었지만 모두 올빼미예요.

올빼미

올빼미
몸길이 38cm 정도의 텃새로 마을 인근에서 깊은 숲속까지 널리 퍼져 살아요. 얼굴에 있는 검은 테가 특징이에요.

눈올빼미
이 구별법으로 따지면 해리포터의 헤드위그는 올빼미예요. 뿔이 없잖아요. 정확한 이름은 눈올빼미예요.

올빼미(올빼미로 통일해서 부를 거예요. 부엉이는 올빼미니까요)는 육식성 새예요. 육식성 새 중에 매, 황조롱이, 흰머리수리, 검독수리, 참매 등을 맹금류라고 하는데, 날카롭고 휘어진 부리와 발톱이 맹금류의 특징이에요. 맹금류 새들은 낮에 활동하는데 대부분의 올빼미는 주로 밤에 사냥하고 활동해요. 그래서 올빼미는 맹금류의 특징들과 밤사냥꾼에 알맞은 여러 특징들을 함께 가지고 있어요.

두 눈의 시야가 겹쳐 보이는 것을 양안 시야라고 해요. 올빼미는 양안 시야가 70%로 새 중에서 가장 넓어요.

보통 새들은 사냥꾼을 피해 도망가야 할 때 넓은 시야를 확보하는 게 더 중요해요. 그래서 눈이 머리의 양옆에 있지요.

먼저 큰 눈이에요. 어두운 곳에서도 잘 볼 수 있죠. 그리고 사람처럼 두 눈이 앞에 있어서 양안 시야가 넓어요. 양안 시야가 넓으면 물체의 거리를 정확히 잴 수 있어 사냥에 유리해요. 올빼미의 목은 어느 쪽으로든 자유롭게 돌아가서 등 뒤에 있는 사냥감도 머리만 돌려 볼 수 있어요.

눈구멍이 고정되어 있어서 이렇게 하는 건 안 돼요.

대신 이건 돼요. 목을 앞뒤뿐만 아니라 위아래로도 180도 넘게 돌릴 수 있어요.

또, 올빼미는 납작한 얼굴이 소리를 모아 주어 아주 작은 소리도 잘 들을 수 있어요. 양쪽 귀의 높이가 달라서 소리가 나는 정확한 위치도 알 수 있지요. 깜깜한 밤에도 사냥을 할 수 있는 것은 이렇게 뛰어난 청각 때문이에요. 그래서 비가 오는 날에는 빗소리 때문에 사냥을 할 수 없대요.

올빼미 날개에는 솜털처럼 부드러운 깃털이 달려 있어서 날갯짓을 해도 소리가 잘 나지 않아요. 들쥐나 두더쥐 같은 동물들은 밤 사냥꾼 올빼미가 날아오는 것을 알아채지 못하게 되죠.

두 귀의 높이가 달라 한쪽 귀에 소리가 약간 늦게 들려요. 삼각 측량을 해서 오차 없이 정확한 위치를 알아내는 거죠.

안반

뻣뻣한 털이 얼굴을 둘러싸고 있어요. 이것을 안반이라고 하는데 사람의 귓바퀴처럼 소리를 모아 줍니다.

올빼미류는 전 세계에 200종 정도가 있어요.
그중 우리나라에 사는 올빼미류는 수리부엉이,
솔부엉이, 칡부엉이, 쇠부엉이, 올빼미,
긴점박이올빼미, 소쩍새 등 10여 종이에요.

쇠부엉이
몸길이 38cm 정도의
겨울새로 강가나 갈대밭,
나무 등에 살아요.
귀깃이 아주 짧고
낮에도 활동해요.

소쩍새
몸길이가 20cm 정도로 올빼미류
중 가장 작아요. 여름새이고,
소쩍소쩍 우는 건 수컷 소쩍새예요.

칡부엉이
몸크기가 36cm 정도이고
10~11월에 볼 수 있는 겨울새로
까치나 까마귀가 살았던 둥지에
보금자리를 만들어요.

솔부엉이
몸길이가 29cm 정도이고,
여름새로 귀깃이 없는데도
부엉이라는 이름이 붙었어요.
왜일까요? 부엉부엉 울어서
일까요? 솔부엉이는 밤에만
우는데 '후-후-' 하고 울어요.

긴점박이올빼미
올빼미와 아주 비슷하게 생겼죠? 구별할 수
있나요? 긴점박이올빼미는 몸길이가 50cm
정도로 올빼미보다 약간 크고 부리가 노란색이에요.
가장 확실한 차이는 배깃 무늬예요. 올빼미의
배깃은 가로줄과 세로줄이 섞여 있는 쐐기 모양이고,
긴점박이올빼미는 그냥 세로줄 무늬예요.

배영을 하면 해달, 자유형을 하면 수달

해달

해달은 '바다에 사는 수달'이라는 뜻이에요.
해달은 바다에서만 살아요. 바닷물 위에 배가 보이게
누워서 거의 일생을 보내지요. 배영을 하듯 물 위에 둥둥
떠 있다면 그건 해달이에요. 조개를 들고 있거나 먹고 있다면
역시 해달이에요. 수달은 조개를 먹지 않거든요.

해달과 수달은 둘 다 족제빗과에 속해요. 그렇지만 해달은 해달속이고, 수달은 수달속이에요. 해달은 물범이나 물개 등과 마찬가지로 바다에 사는 해양 동물로 여겨요. 수달은 땅과 물에 모두 살지만 육상 동물로 보아요. 비버나 하마와 비슷하지요.

해달은 아시아 극동 지역, 북아메리카 서부 해안가에 살고, 수달은 유럽, 아프리카, 아시아에 널리 퍼져 살아요.

수달

수달은 물속에서 머리를 밖으로 내밀고 배를 아래로 향해 헤엄을 칩니다. 강이나 호수 등 민물가에 주로 살지만 바닷가에서도 볼 수 있어요. 그렇지만 바닷가라고 해도 해달과 수달이 둘 다 나타나는 곳은 없어요. 사는 곳이 서로 달라서 둘이 만나는 경우가 없지요. 우리나라에 수달이 사는 건 알고 있나요? 그렇다면 그건 우리나라에는 해달이 살지 않는다는 뜻이에요.

해달

자는 동안 물에 떠내려가지 않으려고 켈프를 몸에 감고 자요.

켈프는 북태평양 바닷속에 사는 거대한 바닷말이에요.

주변에 켈프가 없으면 친구 손을 잡고 자면 돼요.

해달은 켈프 사이에서 살아요. 뒷발은 물갈퀴가 달린 지느러미 모양이라 땅 위에서 걷는 것은 좀 어려워요. 반면 몸이 물에 잘 뜨기 때문에 물 위에 있는 걸 좋아해요. 땅을 한 번도 밟지 않고 평생을 살 수도 있대요.

해달이 추운 북태평양 바닷속에서 살 수 있는 건 털 때문이에요. 이중으로 털이 나 있는데 방수가 되는 기다란 보호 털이 물을 막아 주어 아래쪽 짧은 털은 마른 상태를 유지할 수 있거든요.

해달은 밤에는 자고 낮에 물에 들어가 성게, 게, 조개류 등을 구해 와 배에 올려놓고 먹어요. 조개나 성게를 돌로 깨거나 바위에 쳐서 속살을 꺼내 먹는데, 해달은 도구를 사용하는 몇 안 되는 동물 중 하나예요.

해달은 새끼를 낳고 키우는 것을 모두 물에서 해요. 어미는 새끼를 배 위에 올려놓고 돌보지요. 새끼는 태어난 지 2개월쯤 지나야 헤엄을 칠 수 있어요.

늘 그루밍을 해서 털을 관리하는데 골격이 무척 유연하고 피부가 늘어져 있어서 입이 닿지 않는 곳이 없어요.

배 위에 올려놓고 키워야 하니까 새끼를 여러 마리 낳을 수 없겠죠? 해달은 새끼를 2년에 1마리씩 낳아요.

수달

꼬리는 몸통의 1/3로 근육질이라 힘이 좋아요. 물을 밀어 내거나 방향을 바꿀 수 있어요. 두 다리로 설 때도 꼬리로 지탱하지요.

털은 해달처럼 이중으로 나 있어 물속에서도 속털은 젖지 않아요. 물에 젖은 겉털도 몸을 한 번 부르르 떨면 물기가 쫙 빠져요.

수염이 무척 예민해 물의 진동까지 느껴요. 그렇게 물고기의 움직임을 알아내지요.

네 다리는 짧지만 땅 위에서 사람보다 빨리 뛸 수 있어요.

　수달은 몸길이가 63~75센티미터, 몸무게가 5.8~10킬로그램 정도 되고, 몸은 유선형으로 헤엄치기 좋게 생겼지요. 물론 잠수도 잘해요. 잠수할 때는 귓속이나 콧구멍이 저절로 닫혀 물이 들어가는 것을 막아 주지요. 당연히 수달은 물을 아주 좋아해요. 그래서 물가 근처에서 살아요. 물가 근처 바위 구멍이나 나무뿌리 속에 보금자리를 마련하는데, 발톱이 약해서 직접 굴을 파지는 못해요. 적당한 구멍을 잘 찾아야겠죠.

　수달은 낮에는 보금자리에서 쉬고 주로 밤에 사냥을 해요. 물고기뿐 아니라 개구리, 곤충, 게, 새의 알 등을 먹어요. 적이 나타나면 물속으로 도망가는데 잔물결 하나 일으키지 않고 조용히 물속으로 도망갈 수 있어요. 굴속에서 새끼를 낳고, 새끼는 태어난 지 4개월이 지나면 헤엄을 쳐서 혼자 사냥할 수 있어요.

발가락은 5개로 발톱까지 물갈퀴가 있어서 헤엄치기 좋아요. 발바닥은 까끌까끌해서 미끄러운 물고기도 놓치지 않고 잡을 수 있어요.

앞발을 잘 사용하고 두 다리로 설 수도 있어요. 해달은 두 다리로 서지 못해요.

잠수하거나 헤엄을 칠 때 짧은 네 다리를 몸에 꼭 붙여 몸을 유선형으로 만들지요. 수달은 물고기보다 빠르게 헤엄칠 수 있어요.

매화 무늬 안에 점이 있으면 재규어,
매화 무늬 안에 점이 없으면 표범

재규어

꼬리는 표범보다 짧고 끝이 줄무늬예요.

재규어는 귀 끝이 조금 뾰족한 편이에요.

재규어는 머리가 크고 넓으며 네 다리는 짧고 앞다리가 굵고 튼튼해요. 꼬리는 표범보다 짧고 꼬리 끝이 줄무늬예요. 꼬리를 포함한 몸길이는 150~180cm, 몸무게는 70~150kg, 꼬리 길이는 50~90cm입니다. 재규어는 표범보다 전체 몸길이는 작지만 꼬리는 짧고 몸통이 길기 때문에 몸무게가 더 나가요. 암컷이 수컷보다 조금 작아요.

매화 무늬 안에 점이 있어요.

표범은 귀가 짧고 둥글어요.

매화 무늬 안에 점이 없어요.

표범

표범은 몸길이 180~220cm, 꼬리 길이 70~100cm, 몸무게가 암컷은 30~40kg이고, 수컷은 40~80kg 정도로 암컷이 수컷보다 훨씬 작아요. 긴 몸통에 비해 다리는 짧은 편이고, 꼬리는 길고 끝까지 얼룩무늬예요.

꼬리는 재규어보다 훨씬 길고 끝까지 얼룩무늬예요.

    매화 무늬 안에 점이 있는지 없는지는 재규어와 표범을 가장 확실하게 구별할 수 있는 특징이지요. 재규어는 표범보다 몸집이 더 크고 묵직해 보여요. 꼬리는 좀 더 짧고요. 그렇지만 이런 특징들은 재규어와 표범이 나란히 있지 않다면 비교하여 구별하기는 어렵지요. 그런데 재규어와 표범이 나란히 있는 경우는 없어요. 둘은 사는 곳이 다르거든요. 재규어는 멕시코를 비롯한 중남미, 그러니까 미국에 살고요, 표범은 아시아와 아프리카에 살거든요.

구름표범과 눈표범은 이름이 표범이기는 하지만 표범과는 별 관계가 없대요. 구름표범은 삵과 가깝고 눈표범은 호랑이와 가까워요.

구름표범
남아시아 보르네오섬, 수마트라섬에 살아요. 몸길이는 55~110cm, 몸무게는 15~23kg 정도이고, 꼬리는 몸길이와 비슷하게 길지만 다리는 짧은 편이에요. 털은 짧은데 검은 테두리에 큰 반점이 구름 모양이어서 구름표범이라는 이름이 붙었어요.

눈표범
몸길이는 1.1~1.3m, 어깨높이는 60cm, 몸무게는 25~75kg 정도로 표범보다 몸집이 작은 편이에요. 고산 지대에 살기 때문에 털이 길고 굵으며 눈밭을 다니기 좋게 발이 엄청 커요. 꼬리는 1m 정도로 매우 긴 편인데 잠잘 때 목도리처럼 온몸에 둘러서 체온을 유지한대요.

재규어와 표범은 사실상 골격에는 큰 차이가 없어요. 그런데도 재규어가 몸집이 더 큰 것은 사는 곳의 환경 차이 때문이에요. 표범이 사는 아시아와 아프리카에서는 사자나 호랑이, 치타 등 여러 맹수와 먹이를 나누어 먹어야 하지만, 재규어는 아메리카 대륙에서 가장 큰 고양잇과 맹수거든요. 먹이를 나눠 먹어야 하는 경쟁 상대가 없지요. 그러다 보니 몸집이 더 커진 거예요.

둘은 생김새가 닮은 만큼 성격이나 습성이 거의 비슷해요. 재규어를 아메리카표범이라 부르기도 하니까요. 짝짓기 철이 아니면 대체로 혼자 생활하고, 밀림이나 숲속에서 주로 사는 것도 비슷하지요. 나무가 많은 곳을 좋아하는 것은 둘의 사냥 습성과 관계가 있어 보여요. 재규어와 표범은 숨어서 먹이를 기다리다가 기습적으로 공격해요. 그래서 숨을 데가 있는 곳을 좋아하지요. 얼룩무늬도 풀숲에 숨기에 적당한 무늬거든요.

재규어와 표범은 다른 고양잇과 동물들에 비해 헤엄을 잘 치는데 특히 재규어는 물을 아주 좋아하는 것 같아요. 또 낮에는 나뭇가지에서 늘어져 쉬고 밤이나 새벽에 주로 사냥을 해요. 표범은 사냥한 먹이를 사자나 하이에나에게 빼앗기는 경우가 많아요. 싸우지 않고 먹이를 양보하는데, 적이 자신보다 강해서라기보다는 싸움을 싫어하고 몸을 사리는 성격 때문인 것 같아요.

그래서 먹이를 사냥한 자리에서 먹지 않고 나무 위에 올려놓고 혼자 먹는 거지요. 빼앗아 먹는 다른 맹수가 없는 재규어도 먹이를 사냥한 곳이 아닌 으슥한 곳으로 옮겨서 먹는 걸 보면, 확실히 번잡한 것을 싫어하는 성격도 닮은 것 같죠? 이렇게 사냥감을 옮기는 데 필요한 능력도 공통점인데, 바로 무는 힘과 턱이 아주 강하다는 거예요. 재규어와 표범은 자기 몸의 3배나 되는 먹이도 멀리 옮기거나 나무 위로 끌어 올릴 수 있어요.

또 하나의 공통점은 맹수들 중 환경 적응력이 가장 강한데도 지금은 멸종 위기 종으로 보기가 힘들어졌다는 것입니다. 그 이유가 사람들이 보기에 아름다운 털가죽 때문이라는 것도 둘의 슬픈 공통점이에요.

이제 여러분은 그림자만 봐도 재규어인지 표범인지 알 수 있겠지요? 꼬리가 긴 걸 보니 표범이네요.

고양잇과 동물들을 구별해 볼까요?

　모든 고양잇과 동물은 1200만 년 전에 살았던 '펠리스 아티카'라고 하는 고양이처럼 생긴 작은 동물에서 진화했어요. 현재 고양잇과 동물은 36종이 살고 있는데 울대 구조와 사용법에 따라 큰 고양잇과와 작은 고양잇과로 나누어요. 큰 고양잇과는 울부짖을 수 있지만 갸르릉거리지는 못한대요. 큰 고양잇과에는 호랑이, 사자, 표범, 치타, 재규어 등이 있어요.

　고양잇과 동물들은 대부분 무늬가 있어요. 고양잇과 동물들은 모두 힘센 육식 동물이지만 몰래 사냥감에게 접근하기 위해서 숨기 좋은 얼룩무늬를 가지고 있는 거예요.

재규어 무늬　　표범 무늬　　치타 무늬

치타

큰 고양잇과 동물들 중 헷갈리기 쉬운 건 표범, 재규어, 치타예요. 하지만 표범과 재규어를 구별할 수 있다면 치타는 바로 알아볼 수 있지요. 치타는 그냥 점무늬예요. 머리가 몸에 비해 작고 얼굴에 눈물선이 있는 게 특징이에요. 눈물선은 눈부심을 막아 주는데, 치타는 다른 고양잇과 동물들과 달리 주로 낮에 사냥을 하거든요.

호랑이와 사자

호랑이와 사자는 쉽게 구별할 수 있지요. 호랑이는 줄무늬가 있고 사자는 무늬가 없어요. 하지만 사자도 아기 때는 얼룩무늬가 있어요. 아기 때는 약해서 수풀 속에 잘 숨어 있어야 하니까요.

삵, 스라소니, 오실롯, 카라칼 등의 여러 야생 고양이와 집고양이가 작은 고양잇과에 속해요. 푸마는 몸집이 표범보다 큰 것도 있지만 울부짖지 못해서 작은 고양잇과에 속해요.

푸마
아메리카 대륙에 살아요. 몸길이가 105~195cm 정도이고 몸무게가 36~103kg으로 표범과 크기가 비슷하지만 치타나 스라소니와 가까워요. 몸은 가늘고 털은 짧고 거칠어요. 귀는 작고 끝이 둥글며 귀와 꼬리 끝이 검은색이에요.

카라칼
몸길이는 60~90cm, 몸무게는 16~18kg 정도이고, 아프리카와 중동에서 살아요. 스라소니와 비슷하게 생겼지만 좀 더 호리호리하고 다리가 길어요. 귀는 짧고 삼각형으로 끝에 길쭉하게 난 검은 털이 특징이에요. 다른 작은 고양잇과 동물들과 달리 눈동자가 동그래요.

오실롯
남아메리카에 살고 몸길이는 70~95cm, 몸무게는 11.5~16kg 정도 돼요. 생김새는 고양이나 삵과 비슷해요. 귓바퀴는 둥글고 양 볼에 검은색 줄무늬가 2개 있고, 꼬리에도 띠 모양의 얼룩무늬가 있어요.

스라소니
북유럽과 아시아에 살고, 몸길이는 90cm, 몸무게는 20kg 정도로 작은 고양잇과 동물들 중에서는 비교적 큰 편이에요. 추운 곳에 잘 적응해서 눈 위에서도 빠르게 달릴 수 있어요. 머리는 크고 귀는 삼각형으로 끝에 검고 긴 털 송이가 있어요. 볼에는 호랑이처럼 볼수염이 있어요.

피부가 촉촉하고 미끌미끌하면 도롱뇽, 피부가 거칠고 물기가 없으면 도마뱀

피부로 땅의 진동을 느낄 수 있어요. 피부가 마르지 않게 끈적끈적한 점액이 분비돼요.

꼬리가 몸통보다 길어요.

뒷발에는 5개의 발가락이 있고, 물갈퀴는 없어요.

다리는 대부분 몸통에 비해 짧고, 앞발가락은 4개예요.

눈은 툭 튀어나와 있어요.

입이 작아서 작은 벌레를 잡아먹어요.

위에서 봤을 때 눈이 튀어나와 있으면 도롱뇽이에요. 도롱뇽은 낮 동안에는 바위나 나무둥치 틈에 숨어 있다가 밤에만 먹이를 잡으러 다녀요. 늘 천천히 걷고 아주 위급한 상황이 아니면 빨리 움직이지 않지요. 그렇게 느려서 사냥이나 할 수 있겠나 생각이 들지만 도롱뇽은 활동적이지 않아서 적은 양의 먹이로도 충분해요. 조금 먹고 조금 움직이는 거죠.

도롱뇽

뱀과 달리 입을 크게 벌리지 못해
곤충이나 작은 먹이를 잡아먹어요.
대부분의 도마뱀은 육식 동물이에요.

도마뱀은 코로 숨만 쉴 뿐 냄새를 맡지 못해요.
그 대신 혀를 날름거려 냄새 물질을 입 안으로
가져가지요. 냄새 맡는 곳이 입 안에 있는 거예요.
뱀처럼 혀를 날름거려서 먹이를 순식간에 잡아먹어요.

발가락은 앞발, 뒷발
모두 5개씩이에요.

귀는 외부에 있어
고막이 보여요.

비늘로 덮인 피부는
거칠고 물기가 없어요.

도마뱀

도마뱀 머리는 뱀을 닮았고, 도롱뇽 머리는 개구리를 닮았어요. 도마뱀 무리는 아주 다양해서 3400여 종류가 열대 지방에서 온대 지방까지 널리 퍼져 살아요. 사는 곳도 땅 위는 물론이고 물속, 땅속에서도 살지요. 남극 대륙을 제외한 모든 대륙에서 살고 있어요.

둘 다 꼬리를 끊고 도망가고 생긴 것도 비슷하지만 도롱뇽과 도마뱀은 다른 종류의 동물이에요. 도롱뇽은 양서류이고, 도마뱀은 파충류예요.

도롱뇽은 개구리처럼 축축하고 말랑한 알을 물속에 낳아요. 알에서 깬 유생은 물속 시기를 지나고 어른이 되면 육지 생활을 해요. 어릴 때 있던 아가미가 없어지고 허파와 피부로 호흡을 하는 거예요. 축축한 피부라야만 산소 호흡을 할 수 있어요. 그러니 피부가 마르면 죽기 때문에 늘 축축하고 습한 물가에서 살아요. 짝짓기 때를 빼고는 대개 혼자 다녀요.

파충류인 도마뱀은 뱀과 가까워요. 다른 파충류로는 거북과 바다거북, 뱀, 악어가 있지요. 새끼를 낳는 몇몇 파충류가 있기는 하지만 대부분의 파충류는 딱딱한 알을 땅 위에서 낳고, 알에서 깬 새끼는 어미와 생김새가 똑 닮았어요. 양서류와 달리 모양새는 변하지 않고 크기만 자라나요. 대신 허물을 벗으면서 어른이 되지요.

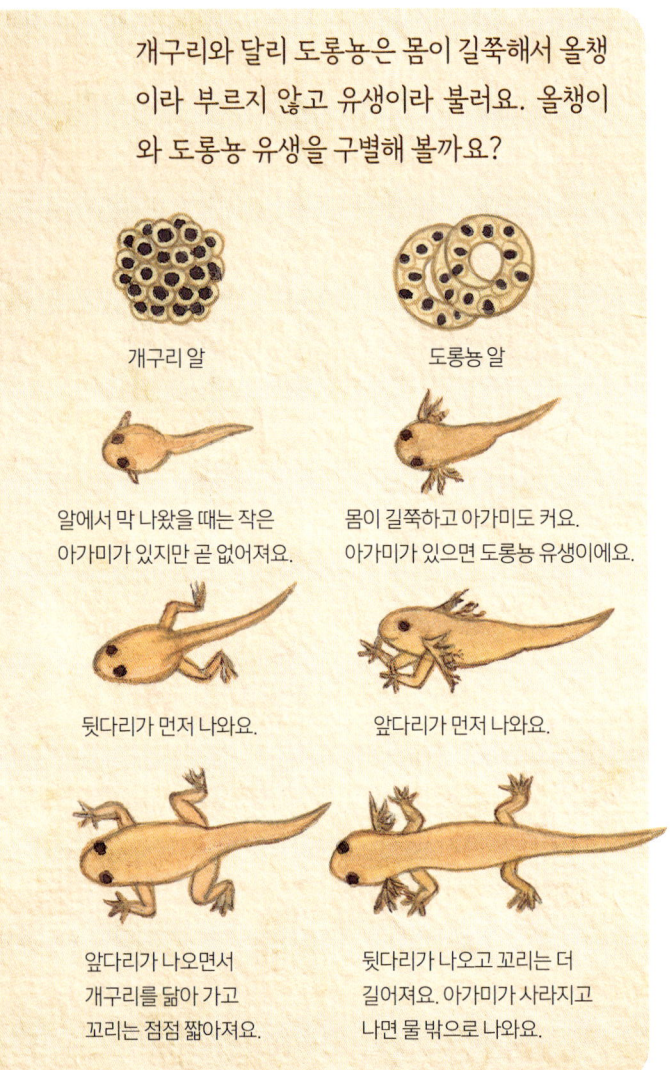

개구리와 달리 도롱뇽은 몸이 길쭉해서 올챙이라 부르지 않고 유생이라 불러요. 올챙이와 도롱뇽 유생을 구별해 볼까요?

개구리 알 / 도롱뇽 알

알에서 막 나왔을 때는 작은 아가미가 있지만 곧 없어져요.

몸이 길쭉하고 아가미도 커요. 아가미가 있으면 도롱뇽 유생이에요.

뒷다리가 먼저 나와요.

앞다리가 먼저 나와요.

앞다리가 나오면서 개구리를 닮아 가고 꼬리는 점점 짧아져요.

뒷다리가 나오고 꼬리는 더 길어져요. 아가미가 사라지고 나면 물 밖으로 나와요.

알에서 깬 파충류 새끼는 크기만 작을 뿐 어미와 모양새가 똑같아요.

우리 아기, 누굴 닮아 이렇게 예쁠까?

엄마!

끊긴 꼬리는 다시 자라지만 한 번만 다시 나오고, 길이도 짧아요.

도롱뇽과 도마뱀은 다른 종류의 동물이지만 서로 가까운 동물이어서 생김새나 사는 모습이 많이 비슷한 거예요. 양서류와 파충류는 둘 다 변온 동물이지요. 변온 동물은 날씨나 주변의 온도에 따라 체온이 오르내리는 동물이에요. 그래서 추운 겨울에는 바깥 온도에 따라 몸의 온도도 낮아져 움직이지 못하고 겨울잠을 자야 해요.

그리고 급할 때 꼬리를 끊고 달아나는 것도 닮았지요. 적이 끊어져 꿈틀거리는 꼬리에 정신이 팔린 사이 도망을 가는 거예요. 도롱뇽이나 도마뱀을 만났을 때 장난삼아 꼬리를 잡으면 안 돼요. 끊긴 꼬리는 다시 나오지만, 한 번만 다시 자라 나오기 때문에 정말 위급한 일이 또 생긴다면 그땐 도망치기 힘들어질 테니까요.

도롱뇽 같은 양서류는 환경 변화에 매우 민감한 동물이라서 최근 기상 이변과 지구 온난화, 서식지 파괴 등으로 공룡의 멸종 속도와 견줄 만한 속도로 빠르게 멸종되어 가고 있다고 해요. 정말로 공룡처럼 도롱뇽이 완전히 사라질 수도 있어요. 도마뱀도 도롱뇽도 사라지지 않게 소중하게 여겨야겠어요. 혹시라도 만나게 된다면 공룡을 만난 듯 반가워해 주세요.

우리나라에서 도마뱀이라고 부르는 것은 거의 아무르장지뱀이거나 줄장지뱀이에요. 둘은 아주 비슷하게 생겼어요. 도마뱀은 워낙 숫자가 적고 더 깊은 산속에 살기 때문에 보기가 어려워요.

땅 위에 서 있으면 두루미, 나무 위에 앉아 있으면 황새

두루미

몸길이는 140cm 정도이고 날개를 활짝 펼치면 240cm 정도 되는 큰 새예요. 암수 모두 머리 꼭대기가 붉어요. 깃털이 붉은 게 아니라 피부가 드러나 있는 거예요. 머리 꼭대기 붉은색은 짝짓기 할 때나 화가 나면 더 빨갛고 넓어져요. '뚜릅 뚜릅, 뚜루루루-' 하고 울어서 '두루미'라는 이름이 붙었어요. 잡식성으로 먹이를 가리지 않고 잘 먹어요. 몸통은 흰색이고 꽁지 쪽 검은 깃은 날개의 깃이 길어서 꽁지를 덮은 거예요. 우리나라에서 겨울을 나는 겨울 철새예요.

황새

몸길이가 100~115cm 정도로 키가 크고 눈 가장자리와 턱 밑에 붉은 피부가 드러나 있어요. 울대가 없어서 울지 못하고 대신 부리를 부딪쳐서 소리를 내요. 울지 못하니 우는 소리로 이름을 짓지 못했겠죠. 지금은 아주 보기 드문 새가 되었지만, 황새는 원래 우리나라에 사는 가장 큰 텃새였어요. 키가 크다고 '큰새'를 뜻하는 '한새'라는 이름이 변해서 황새가 되었다고 해요. 호수, 논, 밭, 습지에서 물고기, 갑각류, 개구리, 쥐, 뱀 등을 잡아먹는 육식성 새예요.

 황새도 먹이를 구할 때는 두루미처럼 물가나 들판을 걸어 다니면서 사냥을 하지만 나머지 시간은 둥지 위에서 보내요. 둥지는 마을 근처 큰 나무 꼭대기 위에 넓적한 접시 모양으로 지어요. 반면 두루미는 나무에 앉지 못해요. 대부분의 시간을 땅 위에서 지내다 보니 뒤 발가락이 짧아져 나무에 앉을 수 없게 된 거예요. 두루미는 물을 좋아해서 물가에서 주로 생활하고, 둥지도 물가 근처 갈대밭의 땅바닥에 지어요. 잠도 서서 자지요.

두루미와 황새는 물가에서 주로 활동하고 몸집이나 깃털 색깔, 생김새가 비슷하지만 둘은 다른 종이에요. 두루미는 두루미목이고, 황새는 황새목이에요. 황새목에는 백로, 따오기, 해오라기 등이 있는데, 모두 물가에서 사냥하고 생활하지만 둥지는 나무 위에 지어요. 나무 위에 백로가 하얗게 무리를 이루고 있는 모습은 많이 봤을 거예요.

새들은 대부분 생활 환경과 습성에 따라 발 모양이 다르게 진화했기 때문에 발 모양으로 가까운 종을 구별하기도 해요.

새들의 발은 서로 어떻게 다를까요?

두루미
두루미의 발은 걷는 발로 황새와 비슷해 보이지만 뒤 발가락이 아주 짧고 위쪽에 붙어 있죠. 오히려 오리의 발과 더 비슷해요. 두루미 발에는 물갈퀴가 아주 조금 남아 있어요. 어른이 되면 헤엄을 치지 않지만 새끼 때는 틈만 나면 물에서 헤엄치며 놀아요.

황새
전형적인 걷는 발로, 발가락과 다리가 아주 길어 걷기 편한 모양이고, 엄지발가락이 뒤로 향해 있어서 나무에 앉을 수도 있죠. 왜가리, 홍학 등이 황새와 발 모양이 비슷해요.

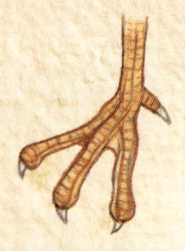

움켜쥐는 발
매, 수리, 올빼미 등 육식성 새의 발로, 힘이 무척 세고 끝이 구부러진 길고 날카로운 발톱이 있어요. 이 발로 먹잇감을 꽉 움켜쥔 채 하늘을 날아요. 다른 맹금류와 달리 독수리는 움켜쥐는 발이 아니라서 사냥을 직접 하지 못하고 죽은 시체를 먹는 청소부 새가 된 거예요.

헤엄치는 발
바다쇠오리, 오리, 펭귄의 발로, 발가락 사이에 물갈퀴가 있어 헤엄치기 좋고, 물과 땅에 닿는 발의 면적이 넓어 잘 걸을 수도 있어요.

기어오르는 발
앵무새, 딱따구리, 뻐꾸기의 발로 첫 번째와 네 번째 발가락이 뒤로 향해 있어서 나무를 기어오를 때 더 큰 힘을 줄 수 있어요.

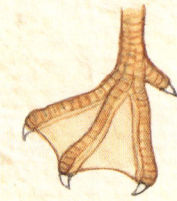

앉는 발
벌새, 물총새, 딱새, 쏙독새의 발이에요. 보통 크기가 작고 두 번째, 세 번째, 네 번째 발가락이 붙어 있어요. 그래서 나뭇가지에 잘 앉을 수 있어요. 땅바닥에서는 걷지 못하고 총총총 뛰어서 움직이지요.

달리는 발
느시, 마도요, 아메리카타조의 발로, 다리는 길지만 발가락은 짧아요. 엄지와 넷째 발가락이 아주 작아서 달리는 동안 땅에 닿는 면적이 줄어 빨리 뛸 수 있지요.

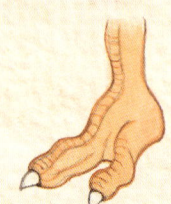
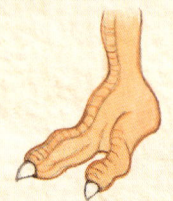

〈십장생도〉는 해, 구름, 바위, 물, 소나무, 대나무, 사슴, 학, 거북, 불로초 등 아주 오래 사는 10가지 생물을 한 화면에 그려 무병장수를 기원하는 그림이에요.

이렇게 두루미와 황새를 구별하는 건 어렵지 않지만 우리나라에서는 혼동하는 경우가 많아요. 그림을 한번 볼까요? 어때요? 이상한 점을 바로 알아차렸나요? 나무에 앉지 못하는 두루미가 나무 위에 있죠? 이 그림은 〈십장생도〉라는 조선 시대 민화예요. 십장생 중 하나인 학이 바로 두루미인데, 학은 두루미의 한자어랍니다. 우리 조상들은 우아하고 아름다운 학이 천년을 살고, 신선이 타고 다니는 고귀한 새라고 생각했어요. 그렇다고 왜 나무에 앉지도 못하는 두루미를 나무 위에 그렸을까요?

우리나라 옛 그림들, 특히 민화는 사실을 있는 그대로 그리는 그림이 아니기 때문이에요. 바라는 것이나 좋은 의미를 곁에 두려고 그린 그림이거든요. 옛날 화가는 원래 나무 위에 앉는 건 황새라는 걸 알고도 모른 척 두루미로 그렸을 거예요. 두루미가 황새보다 예쁘다고 생각했겠지요.

두루미는 한번 짝을 맺으면 평생 같이 지내요. 정해진 짝에게도 매번 짝짓기 춤을 추지요.

엉덩이에 흰 털이 있으면 노루, 엉덩이에 흰 털이 없으면 고라니

수컷 노루와 수컷 고라니는 쉽게 구별할 수 있어요. 수컷 노루는 머리에 뿔이 나 있고, 수컷 고라니는 위 송곳니가 입 밖으로 길게 나와 있거든요. 하지만 뿔도, 긴 송곳니도 없는 암컷은 엉덩이를 보면 쉽게 알 수 있어요. 야생에서 노루나 고라니를 만났을 때 엉덩이를 보는 건 그리 어렵지 않아요. 둘 다 경계심이 강해서 사람을 만나면 무조건 엉덩이를 보이며 도망가거든요. 엉덩이에 흰 털이 나 있다면 그건 노루예요.

귀 끝이 뾰족해요.

엉덩이에 흰 털이 나 있어요.

노루

몸길이는 100~140cm, 어깨높이는 60~90cm, 몸무게는 15~30kg 정도예요. 네 다리는 가늘고 길며 꼬리는 짧아서 거의 보이지 않아요. 겨울털은 거칠고 물결 모양이며 부스러지기 쉽고 누런 검은색이에요. 전체적으로 한우 색이랑 비슷하다고 생각하면 돼요.

엉덩이에 흰 털이 없다면 고라니겠지요? 그렇지만 여름철에는 노루의 흰 털도 색이 진해져서 눈에 잘 띄지 않게 돼요. 그러니 여름에는 눈을 더 크게 뜨고 살펴봐야 해요.

고라니는 노루보다 몸집이 작고 콧등에 흰 띠가 있으며, 귀가 얼굴에 비해 훨씬 크고 둥글어요. 엉덩이를 보이며 도망가는데 어떻게 얼굴을 보냐고요? 조금만 기다리면 돼요. 노루와 고라니는 도망을 가다가도 멈춰 서서 뒤를 돌아보며 확인하는 습성이 있대요. 한 번은 얼굴을 보여 줄 거예요.

귀가 크고 둥글어요.

코 주변으로 흰 띠가 있어요.

고라니

몸길이는 100~120cm, 어깨높이는 52~57cm, 몸무게는 18~30kg 정도로 노루보다 작아요. 여름털은 바늘같이 곧고 짧으며 성글게 나고, 겨울털은 물결 모양으로 길고 빽빽하게 나요. 털 색깔은 누런 털에 검은 털이 섞여 있어 재색으로 보이는데, 산토끼 색과 비슷하다고 보면 돼요.

수컷 노루

수컷에게만 뿔이 있어요. 뿔의 길이는 27~35cm로 길게 자라지는 않는데, 5살이 넘어야 가지가 3개가 돼요. 3개가 넘게 자라지는 않아요. 뿔을 나무에 비벼서 냄새를 묻히고 자국을 남겨서 영역 표시를 해요. 9월이 되면 서열을 정하기 위해 뿔을 맞대 서로 힘겨루기를 하며 싸워요. 10월에 짝짓기를 하고, 짝짓기 이후에는 겨울을 나기 위해 먹이를 먹는 일에 열중하는데 이때 뿔도 떨어져요. 다음 해 5~6월에 새로운 뿔이 자라나요.

수컷 고라니

고라니는 암수 모두 뿔이 없고, 수컷에게만 긴 송곳니가 있어요. 송곳니의 길이는 5~6cm 정도예요. 초식 동물인 고라니는 먹이를 먹을 때 송곳니가 필요하지 않아요. 암컷에게 과시용으로 쓰여요.

노루는 우리나라 전역에 살고 있고, 특히 제주도에 많지요. 산이 깊지 않아도 쉽게 찾아볼 수 있는데, 고라니보다는 좀 더 높은 산에 살아요. 겨울철에도 양지보다는 음지를 좋아해서 바람만 심하지 않으면 그늘에서 생활한대요.

고라니는 제주도를 제외한 우리나라 전역에서 살아요. 주로 산기슭이나 들판, 물가 갈대숲에서 사는데, 물을 좋아해서 하루 2~3번은 물을 먹으러 물가에 오고 헤엄도 잘 쳐요.

고라니는 한국고라니, 중국고라니 두 아종으로 우리나라와 중국에서만 살아요. 중국에서도 양쯔 지방의 작은 지역에만 살기 때문에 거의 모든 고라니는 우리나라에 산다고 할 수 있어요. 그래서 우리나라에서 고라니가 사라진다면 바로 멸종하는 거예요. 좀 더 관심을 가지고 보살펴야겠다는 생각이 들지요? 그렇다고 숲이나 들에서 혼자 있는 새끼 고라니를 함부로 데려오면 안 돼요. 어미 고라니가 새끼를 숨겨 놓고 활동하는 경우가 많거든요. 어미가 곧 찾으러 올 확률이 높아요.

새끼 노루   새끼 고라니   새끼 사슴

어미가 곁에 없고 새끼만 있다면 구별하기 어렵지요. 모두 몸에 흰 반점이 있고 또 아주 귀여우니까요. 어때요? 구별할 수 있나요?

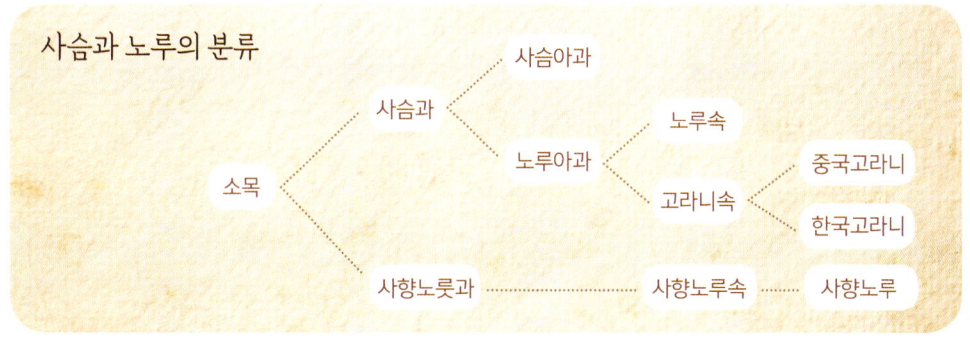

분류상으로 보면 노루는 사슴과 동물 중 사슴보다는 고라니와 가깝지만 사슴하고 닮은 점도 많아요. 사슴과에는 40여 종이 있는데 모든 어른 수컷은 뿔이 나요. 고라니만 뿔이 없어요.

한반도에는 백두산사슴, 대륙사슴, 노루, 고라니 등 4종의 사슴과 동물이 사는데, 지금은 우리나라에서 야생하는 사슴은 없다고 해요.

사향노루는 크기가 고라니보다 작고 송곳니가 암수 모두에게 있는데, 수컷이 더 길어요. 뒷다리가 앞다리보다 길어서 엉덩이 쪽이 약간 높아요. 이름에 '노루'가 들어가지만 노루와는 별 관계가 없대요.

고라니는 사슴과이지만 사슴보다는 사향노루와 더 닮아 보여요. 송곳니가 나와 있는 것도 비슷하고, 홀로 생활하는 습성도 닮았어요. 다른 사슴들은 모두 무리 생활을 하거든요.

사향노루는 사슴류 중에서도 가장 원시적인 형태라고 해요. 송곳니는 고대형 노루의 특징이거든요. 화석을 살펴보면 먼 옛날 사슴의 조상들은 기다란 송곳니를 가지고 있어요. 현재의 사슴들은 진화하여 송곳니 대신 뿔을 발달시킨 거예요.

> 꽃과 잎이 **공중에** 떠 있으면 **연꽃**,
> 꽃과 잎이 **수면에** 붙어 있으면 **수련**

연꽃

연꽃은 늪이나 연못에 심어 기르는 여러해살이풀이에요. 7~8월에 희거나 붉은 꽃이 피고 열매는 10월에 맺어요. 꽃과 잎은 물 위로 길게 올라와서 피어요. 잎이 공중에서 핀다고 '공중엽'이라고도 불러요. 연잎은 가운데가 오목해서 깔때기나 받침 접시같이 생겼고, 수련 잎과 달리 갈라진 곳이 없어요. 잎 표면이 보송보송하여 물에 젖지 않아요.

수련

    수련은 연못이나 호수에 심어 기르는 여러해살이풀로 6~7월에 꽃이 피기 시작해요. 수련 잎은 한쪽이 깊이 파여 있고, 표면이 매끄럽고 윤이 나서 물에 젖지 않아요. 또 모양이 편평해서 수면에 딱 붙어서 피지요. 꽃도 거의 수면 높이에서 피어요. 하지만 수면에서 핀다고 이름이 수련인 것은 아니에요. 꽃 모양이 연꽃과 비슷한데, 아침 햇살이 비칠 때 피었다가 저녁 무렵이면 꽃잎을 오므리거든요. 저녁에는 잔다고 수련이라는 이름이 붙은 거예요. '잠자는 연꽃'이라는 뜻이지요. 꽃은 3~4일 동안 피었다가 져요.

기공
잎의 숨구멍을 기공이라고 해요.

대부분의 식물은 기공이 잎의 뒷면에 있지만 연잎이나 수련 잎은 잎의 앞면에 기공이 있어요. 뒷면은 물과 가까우니까요. 수련이나 연꽃의 잎이 물에 잘 젖지 않는 것도 물이 기공을 막지 못하게 하려는 거예요.

공기
연잎의 잎맥을 따라 통로가 있어요. 이 통로로 공기가 줄기 쪽으로 이동해요.

연잎 앞면에는 아주 짧은 털이 촘촘히 나 있어서 물에 잘 젖지 않아요.

잎자루에도 통로가 있어요.

꽃자루
연꽃의 꽃자루와 잎자루에는 가시가 촘촘히 나 있어요.

잎자루

연근에도 구멍이 숭숭 뚫려 있어요.

뿌리줄기(연근)
연근은 '연달아 자라는 뿌리'라는 뜻인데, 사실 연근은 뿌리가 아니에요. 땅속에 있는 줄기예요.

    보통 식물은 잎을 통해 숨을 쉬어요. 그렇다고 잎으로만 호흡을 하는 건 아니에요. 식물의 뿌리도 숨을 쉬어야 해요. 그래서 대부분의 식물은 뿌리가 물에 잠겨 있으면 공기가 통하지 않아 썩게 되는 거예요. 화분을 만들 때 물 빠짐 구멍을 꼭 만드는 이유이지요.

    연꽃과 같은 물풀들은 물속에서 사는데 왜 뿌리가 썩지 않는 걸까요? 연꽃과 수련은 잎자루와 뿌리의 공기구멍이 연결되어 있어서 잎에서 호흡한 공기를 뿌리까지 보내 줄 수가 있어요. 뿌리가 직접 호흡하지 않고 잎이 보내 준 공기를 사용하는 거예요.

    물속 모습은 물 위에서 볼 때보다 다른 점이 더 많아 보이죠? 얼마 전까지

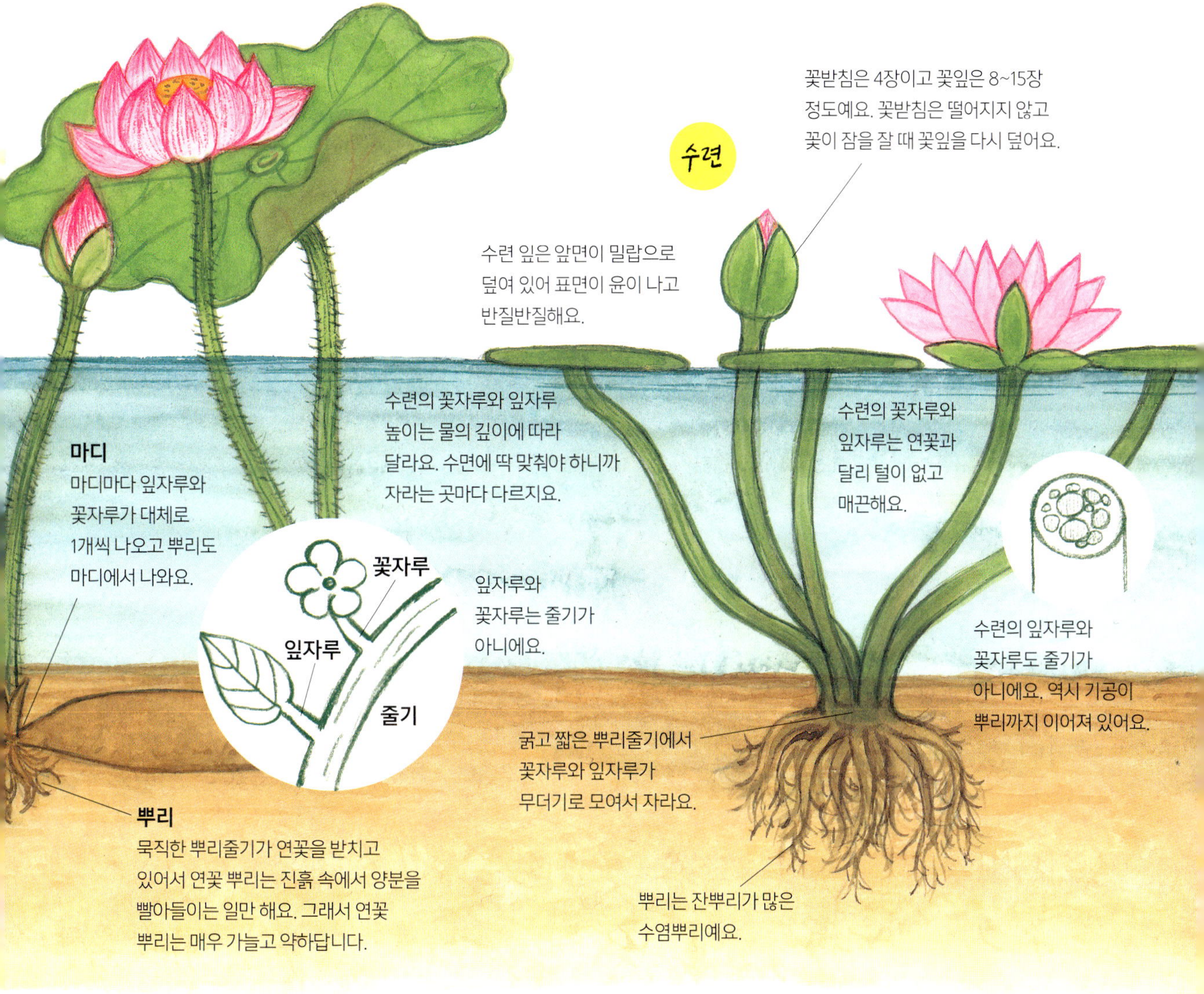

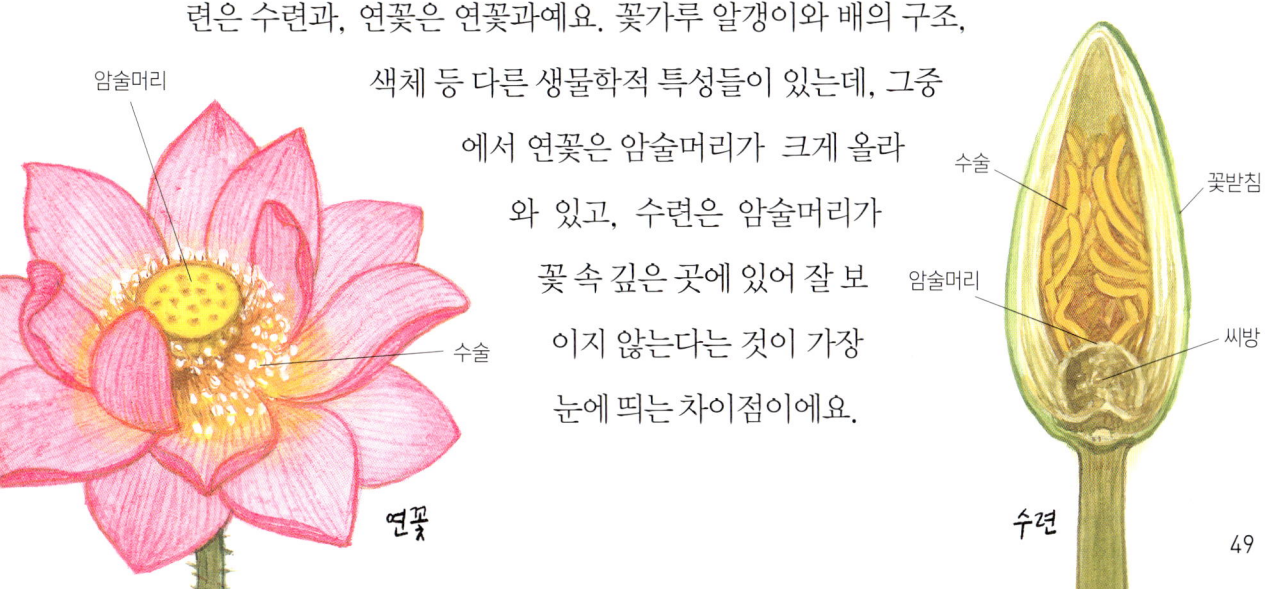

수련

꽃받침은 4장이고 꽃잎은 8~15장 정도예요. 꽃받침은 떨어지지 않고 꽃이 잠을 잘 때 꽃잎을 다시 덮어요.

수련 잎은 앞면이 밀랍으로 덮여 있어 표면이 윤이 나고 반질반질해요.

수련의 꽃자루와 잎자루 높이는 물의 깊이에 따라 달라요. 수면에 딱 맞춰야 하니까 자라는 곳마다 다르지요.

수련의 꽃자루와 잎자루는 연꽃과 달리 털이 없고 매끈해요.

마디
마디마다 잎자루와 꽃자루가 대체로 1개씩 나오고 뿌리도 마디에서 나와요.

꽃자루
잎자루
줄기

잎자루와 꽃자루는 줄기가 아니에요.

수련의 잎자루와 꽃자루도 줄기가 아니에요. 역시 기공이 뿌리까지 이어져 있어요.

굵고 짧은 뿌리줄기에서 꽃자루와 잎자루가 무더기로 모여서 자라요.

뿌리
묵직한 뿌리줄기가 연꽃을 받치고 있어서 연꽃 뿌리는 진흙 속에서 양분을 빨아들이는 일만 해요. 그래서 연꽃 뿌리는 매우 가늘고 약하답니다.

뿌리는 잔뿌리가 많은 수염뿌리예요.

연꽃과 수련을 같은 수련과라고 생각했어요. 그런데 진화상 기원이 서로 다른 것임을 나타내는 특성들이 밝혀져서 최근에는 둘을 구분하고 있어요. 수련은 수련과, 연꽃은 연꽃과예요. 꽃가루 알갱이와 배의 구조, 색채 등 다른 생물학적 특성들이 있는데, 그중에서 연꽃은 암술머리가 크게 올라와 있고, 수련은 암술머리가 꽃 속 깊은 곳에 있어 잘 보이지 않는다는 것이 가장 눈에 띄는 차이점이에요.

암술머리
수술
연꽃

수술
꽃받침
암술머리
씨방
수련

가지가 **위**로 뻗으면 **은행나무 수나무**,
가지가 **옆**으로 뻗으면 **은행나무 암나무**

은행나무 수나무

은행나무는 암나무, 수나무 따로 자란다는 거 알아요? 평소에는 암, 수나무 구별이 잘 되지 않아요. 봄에 꽃이 피면 알 수 있다고 하는데, 은행나무 꽃 본 적 있어요? 사실 은행나무는 키가 큰 나무인 데다 꽃은 아주 작고 피는 시기가 짧아서 은행나무 꽃을 볼 수 있는 경우는 거의 없어요. 열매가 맺히고 나면 비로소 암나무, 수나무 구별이 확실해지지요. 열매가 열리면 암나무인 거예요. 은행나무라면 모두 열매를 맺는다고 생각하는 사람도 있을 거예요. 관심이 없는 사람 눈에는 아무것도 보이지 않는 법이니까요.

줄기

수꽃

은행이 열리기 전이라도 암나무, 수나무를 구별할 수 있어요. 나무 모양이 좀 달라요. 수나무는 가지가 하늘을 향해 위로 뻗어요. 꽃가루를 멀리 날려 보내려면 최대한 높은 곳이 유리하니까요. 암나무는 가지를 옆으로 또는 아래로 뻗지요. 날아오는 꽃가루도 받아야 하고, 열매를 잘 맺으려면 햇빛도 잘 받아야 하니까요.

은행나무 가로수 길을 오고 갈 때 잘 살펴봐요. 암나무, 수나무가 골고루 섞여서 자라고 있다는 걸 알게 될 거예요. 암수가 확실히 구별이 안 되는 나무가 있으면 마음속으로 정해 놨다가 가을에 확인해 보아요.

은행나무 암나무

암꽃

열매

은행나무는 주위에서 흔히 볼 수 있는 나무라서 다 아는 것처럼 느껴지기도 하고, 대수롭지 않게 생각되기도 하지요. 하지만 은행나무는 다른 나무들과 다른 점이 많은 특이한 나무예요. 잎 모양이 활엽수처럼 낙엽 지는 넓은 잎을 가졌으면서 분류는 침엽수와 같이 씨가 밖으로 드러나 있는 겉씨식물이에요.

은행나무 화석

서양에서는 은행나무를 '살아 있는 화석'이라고 불러요. 1691년 일본에서 은행나무를 찾아내기 전까지 서양에서는 실제 나무는 없고 화석만 발견되는 멸종한 나무라고 생각했거든요. 서양에서는 심어 기른 지가 100년 정도밖에 되지 않아 아주 이국적인 동양의 나무라고 느낀대요.

그래서 예전에는 소나무와 같은 침엽수로 분류했지만 지금은 독자적인 은행나무문으로 구분하고 있어요. 은행나무문의 '문'은 계 바로 아래 단위로 어마어마하게 큰 단위예요. 척삭동물문의 경우 멍게부터 인간까지 포함되거든요. 좀 놀랍죠? 은행나무는 친척이 하나도 없다는 거예요.

식물계 – 은행나무문 – 은행나무강 – 은행나무목 – 은행나뭇과 – 은행나무속 – 은행나무

은행나무가 처음부터 1종만 있었던 것은 아니에요. 은행나무의 조상은 고생대(2억 7000만 년 전)쯤 나타나 중생대에 종류가 수십 종에 이르며 가장 번성한 식물 중 하나였어요. 처음에는 잎이 바늘잎(침엽)이었으나 공룡이 살던 쥐라기에 현재 모양과 같은 넓은잎(활엽)이 되었어요. 이후 지금까지 1억 4000만 년 동안 변하지 않고 같은 모양으로 살아왔다고 해요. 그러다 공룡이 사라질 무렵 종류가 급격히 줄어 결국 단 1종만 살아남은 거예요.

지금 우리가 보는 은행나무는 공룡이 사라질 만큼 어려운 시절과 빙하기까지 견뎌 내고 살아남은 놀라운 나무예요. 또, 일본에 원자 폭탄이 떨어졌을 때도 살아남은 유일한 생물이기도 해요. 은행나무는 곰팡이와 벌레에 강하며 대기 오염에도 잘 견디고 가을에 노랗게 물들면 아주 아름답기도 해서 가로수나 공원수로 많이 심어요. 그런데 이렇게 강하고 또 흔한 은행나무가 세계적으로는 멸종 위기 종에 속해 있어요. 은행나무는 스스로 번식할 수가 없기 때문인데, 사람이 심어야만 자랄 수 있어요. 그래서 인류가 멸종하면 함께 멸종할 생물 종 1순위로 꼽히기도 한대요.

　야생에서 스스로 자라지 못하는 이유는 기후가 달라진 탓도 있겠지만 공룡과 같은 시기에 은행나무도 거의 사라진 것과 관련이 있지 않을까요? 은행을 먹고 배설하여 발아를 돕던 매개 동물이 사라지면서 은행나무도 같이 쇠퇴한 거 같아요. 은행에서 심한 악취가 나는 것도 지금은 사라진 특정 동물을 유인하기 위해서였을 거예요.

　이제는 씨를 옮겨 줄 동물이 없는데도 가을이면 그렇게 주렁주렁 열리는 은행이 좀 허무하게 느껴지네요. 은행 냄새가 지독하다고 너무 인상 찌푸리지는 않았으면 좋겠어요. 씨를 옮겨 줄 동물도 인간밖에 남지 않았고 인간과 운명을 같이할 나무라고 하니까요.

브라키오사우루스

꽃만 있으면 진달래, 잎과 꽃이 함께 있으면 철쭉

진달래와 철쭉은 둘 다 진달래목 진달랫과로 아주 가까운 친척이에요. 그래서 나무 모양, 꽃, 잎, 열매 등 모든 면이 많이 닮았어요. 진달래는 3~4월에 꽃이 피고, 철쭉은 진달래꽃이 지고 난 후 5월에 꽃이 피지요. 이렇게 진달래꽃이 질 무렵 연달아 꽃이 핀다고 해서 철쭉을 '연달래'라고 부르기도 해요.

진달래

우리나라 전역에서 저절로 자라는 키 작은 나무예요. 햇볕을 좋아해서 나무가 우거진 깊은 산속에서는 자라지 않고 산기슭에 많이 자라요. 겨울에 몹시 추우면 다음 해 봄에 꽃이 더 많이 핀대요.

꽃 피는 시기가 약간 다르다는 차이점만으로 두 꽃을 구별하기는 어렵겠지요? 진달래나 철쭉 모두 꽃이 필 때 한꺼번에 수북이 피는데 진달래는 개나리처럼 꽃만 먼저 피고 꽃이 질 무렵 잎이 자라나요. 철쭉은 잎이 난 가지 끝에 잎과 함께 꽃이 피지요.

철쭉

우리나라 전국에 저절로 자라는 우리나라 대표 나무로, 산기슭이나 산 중턱 그늘진 곳에서 잘 자라요. 제주도에는 진달래와 철쭉이 자라지 않는대요. 대신 한라산 높은 곳에 진달래의 변종인 털진달래가 자란다고 해요.

진달래는 먹을 수 있다고 '참꽃', 철쭉은 독이 있어 먹을 수 없다고 '개꽃'이라고 부르기도 해요. 철쭉은 아름답고 화려한 꽃 때문에 여러 가지 이야기가 전해지고 있는데요, 《삼국유사》 속 〈헌화가〉에 등장하는 수로 부인이 따 달라고 했던 꽃이 철쭉이었다고 해요. 철쭉의 한자 이름인 '척촉(躑躅)'도 '아름다운 꽃을 보고 발걸음을 머뭇거린다'란 뜻이거든요. 이 '척촉'이 변해서 '철쭉'이 되었다고 하지요. 이렇게 꽃이 아름답다 보니 지금은 많은 재배 품종이 만들어져 관상용으로 길러지고 있어요.

영산홍
우리가 주변 화단이나 공원에서 흔히 보는 철쭉은 산철쭉이거나 산철쭉의 원예 종인 영산홍인 경우가 대부분이에요.

두견새
진달래는 두견새가 울면 꽃이 핀다고 '두견화'라고도 불렀어요. 두견새는 봄에 우리나라를 찾는 여름 철새예요. 우는 소리가 유난히 구슬프답니다.

 진달래가 진짜 꽃 '참꽃'으로 불린 건 먹을 수 있어서만은 아닐 거예요. 먹을 것도 없고 춥고 힘들었던 겨울이 끝나고 이제 농사지을 준비를 할 때가 왔다는 걸 알려 주는 꽃이라서 더 반가워했을 거예요.

 살아 있는 모든 생명이 그렇지만 움직이지 못하는 식물은 주변 환경 변화를 더 민감하게 느껴요. 때를 잘못 맞추면 생존할 수 없으니까요. 그래서 같은 계절, 같은 시간에 꽃을 피우고 열매를 맺고, 단풍이 들지요. 그렇기 때문에 시계도 달력도 없던 옛 조상들이 늘 자연의 소리에 귀를 기울이고 꽃이 피고 지는 것을 주의 깊게 살폈던 거예요. 두견새가 우는 걸 보니 뒷산에 두견화가 피었겠군, 조팝나무에 꽃이 피기 시작하니 모내기를 할 때로군, 나리가 피었으니 이제 조를 뿌려야겠네, 하면서 시기를 놓치지 않고 농사를 지을 수 있었던 거지요.

꽃이 피고 지는 걸 보면 하루의 시간도 알 수 있어요.

새벽 3시
나팔꽃

아침 8시
민들레

오후 7시
달맞이꽃

낮 12시
제비꽃

대나무는 풀일까요, 나무일까요?

'이름이 대나무인데 당연히 나무 아닌가?' 하는 생각이 들지요. 하지만 대나무는 나무가 아니에요. 일단 키가 크면 나무이고, 키가 작으면 풀이라 생각하기 쉽지요. 하지만 대나무처럼 키가 크지만 나무가 아닌 경우가 있고, 북극 툰드라 지방에 키가 5센티미터인 버드나무도 있으니 크기만으로 나무와 풀을 구별할 수는 없어요. 그렇다면 나무와 풀은 어떻게 구별할까요?

대나무
대나무는 키가 크고 겨울에도 죽지 않아서 나무의 특징을 가지고 있어요. 하지만 며칠 만에 키가 자라고 속이 비어 있지요. 줄기는 시간이 지나도 부피 생장을 하지 않고 단단해지기만 해요. 대나무는 볏과 식물이에요. 벼도 줄기 속이 비어 있지요.

나이테
부름켜를 기준으로 안쪽은 물관부, 바깥쪽은 체관부예요. 세포 분열을 하며 성장하던 부름켜가 겨울이 되면 세포가 죽으면서 속이 빈 관을 만들고 뿌리의 물이 이 관을 통해 이동하지요. 나무 중 살아 있는 부분은 부름켜 바깥쪽뿐이에요. 봄이 되면 새로운 부름켜가 다시 세포 분열을 하면서 만드는 경계가 바로 나이테인 거예요. 물관부는 나무의 세포가 죽으면서 만들어지는 것이기 때문에 사실 나무는 대부분이 죽어 있는 거예요. 하지만 나무가 대부분 죽어 있는 것이 추운 겨울에도 얼어 죽지 않고 수백 년 동안 살아갈 수 있는 이유이기도 하니 자연은 역시 놀라운 점이 많지요?

나무는 줄기가 옆으로 통통하게 자라는 부피 생장을 하며 목질부와 나이테를 만들어요. 아무리 키가 커도 해가 지나면서 줄기가 통통해지지 않으면 나무가 아니에요.

대표적으로 나무인 척하는 풀이 바로 바나나예요. 바나나도 크기가 커서 나무라고 생각하지만 나무가 아니에요.

바나나
바나나는 거대한 잎의 꼭지들이 모여서 굵은 줄기가 된 거예요. 나이테가 없어요.

나무고사리
고사리류는 수백만 년 전부터 지구에 살았던 아주 오래된 식물이에요. 지금은 열대 지방에 주로 살고 있는 나무고사리는 뿌리줄기가 곧게 서서 나무처럼 크게 자라요. 키가 10m가 넘는 경우도 있지만 역시 나무가 아니에요. 옆으로 뻗어 나간 가지도 없고 해마다 통통해지는 줄기도 없어요.

꽃이 **줄기에 딱** 붙어 뭉쳐서 피면 **생강나무**,
꽃이 우산살처럼 퍼져 나온 **꽃자루 끝**에 피면 **산수유**

수꽃에는 9개의 수술이 있고 퇴화한 암술이 있어요. 암꽃에는 퇴화한 수술이 있지요.

암수딴그루예요. 노란 꽃이 5송이씩 모여나고 꽃자루 없이 뭉치듯 달려요. 어린 꽃봉오리에 금이 가고, 나무에 물이 오르면 꽃잎이 서서히 6갈래로 나뉘어 깊게 갈라져요.

생강나무

생강나무가 조금 일찍 꽃이 핀다고 하는데, 둘은 거의 같은 시기에 잎보다 꽃이 먼저 피지요. 아직 다른 나무들과 풀들이 잎이나 꽃을 피우기 전에 꽃이 피기 때문에 이른 봄 자주 눈에 띄어요. 꽃이 핀 나무만 보고 둘을 구별하기는 어려워요. 꽃을 자세히 봐야 해요. 추운 겨울이 지나고 오랜만에 보는 꽃이니까 좀 자세히 들여다보는 것도 즐거운 일이겠지요?

4개의 수술과 1개의 암술이 있어요. 향기는 없어요.

암수한그루로 길이가 같은 꽃자루 20~30개가 우산살처럼 펼쳐지고 꽃자루 끝에 노랗고 작은 꽃이 1송이씩 달려요. 꽃잎과 꽃받침은 각각 4장씩이에요.

산수유

생강나무는 산기슭, 계곡의 바위틈, 개천가 등 야산에서 저절로 자라고, 산수유도 본래는 산에서 저절로 자라던 나무였는데 지금은 거의 마을 근처에서 심어 기르지요. 추위를 잘 견뎌 서늘한 곳일수록 꽃도 더 예쁘고 열매도 더 좋다고 해요.

비슷해 보여도 생강나무와 산수유는 전혀 다른 나무예요. 생강나무는 녹나뭇과이고, 산수유는 층층나뭇과예요. 생강나무는 꽃과 잎을 손으로 비비거나 가지를 자르면 생강 냄새가 나서 생강나무라고 부르는데, 이것은 녹나뭇과 나무들의 특징이에요. 녹나뭇과 나무들에는 꽃, 잎, 줄기 등에 짙은 향기를 뿜어내는 기름 성분 물질인 '정유'가 들어 있는데, 생강나무에는 생강 냄새가 나는 정유가 들

어 있는 거예요. 그래서 생강나무 열매로 기름을 짜서 머리에 바르거나 등잔불을 밝히는 데 썼다고 해요. 이 기름을 '동백기름'이라고 하는데 동백나무 열매로 짠 동백기름보다 질이 더 좋대요.

꽃이 지고 잎이 나면 두 나무는 전혀 다른 모양이 돼요. 꽃이 피었을 때만 비슷해 보이는 거예요. 꽃과 곤충의 진화는 서로 영향을 주고받으면서 같이 진

배추흰나비
배추흰나비는 노란 꽃을 특히 좋아하고, 빨간 꽃은 거들떠보지도 않는대요.

꿀벌
꿀벌은 흰 꽃과 노란 꽃에 잘 모여들지요.

호랑나비
호랑나비는 빨간 꽃만 좋아해서 빨간 꽃송이만 찾아다닌다고 해요.

행된다고 해요. 이른 봄에 노란 꽃을 좋아하는 곤충을 유인하려다 보니 서로 다른 나무이면서도 꽃이 아주 비슷해진 거죠. 곤충은 대부분 모양이 화려하고 향기도 진한 꽃을 좋아하지만 또 저마다 좋아하는 빛깔이 따로 있답니다.

생강나무와 산수유가 꽃을 피우는 이른 봄에 활동하는 곤충은 많지 않아서 주로 꿀벌이 찾아오지요. 꿀벌은 겨울 동안 벌통에 모여서 모아 둔 꿀을 먹으며 봄이 되기만 기다려요. 그러다 봄이 되자마자 꿀을 모으러 다니거든요. 그러니까 일찍 활동하는 꿀벌에 맞춰 꽃을 피우다 보니 서로 닮게 된 것 같아요. 봄의 시작을 알리는 꽃 중에 노란 꽃이 많은 것도 같은 이유 아닐까요?

개나리

만리화

영춘화

유채

> 이삭의 솜털이 **갈색**으로 보이면 **갈대**,
> 이삭의 솜털이 **은색**으로 보이면 **억새**

갈대와 억새는 둘 다 볏과의 여러해살이풀로, 꽃이 피고 지는 시기, 이삭에 솜털이 달리는 것, 무리 지어 자라는 것 등 닮은 점이 많아요. 거기에 가을이 되어 솜털이 부풀어야 존재감이 드러나는 점도 비슷하지요.

하지만 조금만 살펴보면 확실하게 구별할 수 있어요. 꽃차례가 완전히 다르거든요. 갈대는 벼 이삭처럼 계속 갈라지면서 꽃이 달리지만, 억새는 부챗살처럼 한곳에서 모여서 나지요.

갈대

둘은 자주색 꽃이 필 때는 색깔이 비슷하지만 꽃이 지고 나면 색깔이 서로 달라져요. 이삭에 달린 솜털이 부풀어 오르면 갈대는 갈색으로, 억새는 은색에 가까운 흰색으로 보여요.

그리고 갈대는 물가에서 자라고 억새는 양지바른 산기슭이나 들판 같은 마른땅에서 자라는 것도 다른 점이에요. 가끔 물가에서 자라는 물억새가 있기는 하지만 갈대는 산에서는 자라지 않아요. 산에서 보는 건 모두 억새예요.

억새

갈대의 줄기와 잎
갈대는 줄기에 마디가 있고 속은 비어 있어요. 잎은 억새 잎보다 넓고 잎맥이 보이지 않으며 가장자리가 매끈해요.

억새의 줄기와 잎
억새는 줄기에 마디가 없고 줄기 속이 차 있어요. 잎은 흰색의 잎맥이 뚜렷이 보이고 가장자리가 날카로워요.

갈대는 '갈색 대나무'라는 뜻이에요. 갈대 줄기가 대나무처럼 마디가 있고 속이 비어 있어서예요. 억새는 '억센 풀'이라고 붙인 이름이에요. 잎 가장자리에 톱니가 있어서 살짝만 닿아도 상처를 입기 쉽거든요.

갈대와 억새는 꽃이 아름답지도 않고 달콤한 꿀을 만들어 내지도 못하고 또 맛있는 열매가 열리지도 않아서 곤충이나 새가 씨앗을 멀리 옮겨 주지 않기 때문에 씨앗에 솜털을 단 거예요. 바람이라도 이용해야 먼 곳에 이동해 새로운 무리를 이룰 수가 있으니까요. 억새 씨앗은 작고 가벼워서 깃털에 달려 멀리 날아갈 수 있어요. 하지만 갈대의 솜털은 억새에 비해 그리 멀리까지 날아가지는 못한대요.

갈대는 물에서 나와 육지로 갔다가 다시 물가로 돌아온 식물이에요. 원래 식물이 물에서 생겼다는 건 알고 있겠죠? 37억 년 전 지구 최초 생명체인 '원시 세포'가 바닷물 속에서 생기고, 이들이 진화해서 원시적인 '말식물(조류)'이 만들어졌지요. 녹색말, 갈색말, 홍색말로 나뉜 말식물 중 녹색말이 진화해서 육지로 올라와 육지에도 식물이 나타나기 시작한 거지요. 여러 진화 과정을 거쳐 육

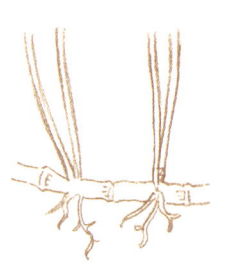
갈대 뿌리줄기

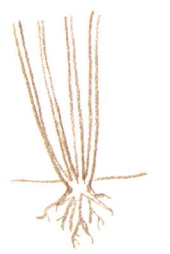
억새 뿌리줄기

뿌리줄기로도 구별할 수 있어요. 갈대는 뿌리줄기가 이어져 자라면서 군락을 이루지만 억새의 뿌리줄기는 원통 모양 포기로 모여 자라요.

지에 적응한 식물들이 번성하게 되는데, 갈대는 육지에서 자리 잡지 못하고 다시 물가로 돌아간 거래요. 생존 경쟁에서 밀린 거지요. 그 옛날에도 경쟁이 치열했나 봐요. 그래도 육지와 물 사이에 자리를 잡았으니 틈새를 노렸다고 해야겠네요.

개구리밥, 검정말, 물수세미, 마름, 수련, 가래 등도 갈대처럼 물로 다시 돌아온 식물이래요.

육지와 가장 가까이 있던 녹색말이 육지로 올라와 육지 식물이 된 거예요.

잎집 하나에 **바늘잎**이 **2개**면 **소나무**, 잎집 하나에 **바늘잎**이 **5개**면 **잣나무**

소나무

소나무와 잣나무는 둘 다 소나뭇과 소나무목으로 아주 가까운 형제 나무예요. 습성이나 모양이 거의 비슷하죠. 소나무는 제주도부터 황해도까지 우리나라 거의 모든 지역에서 자라고, 잣나무는 제주도와 울릉도를 제외한 지역에서 자라요.

소나무
- 바늘잎이 2개
- 어린 솔방울
- 익어서 벌어진 솔방울
- 씨앗에 날개가 달려 있어서 바람을 타고 멀리 날아가요.

잣나무
- 바늘잎이 5개
- 소나무 솔방울보다 훨씬 크고 길쭉한 모양이에요.
- 씨에 날개가 없고 비늘쪽 하나에 잣이 2개씩 들어 있어요.

리기다소나무
- 바늘잎이 3개
- 솔방울 끝에 가시가 뾰족하게 나와 있어요.
- 리기다소나무 씨는 소나무 씨와 비슷해요.

스트로브잣나무
- 바늘잎이 5개로 아주 가늘어요.
- 소나무 솔방울과 크기는 비슷하고 모양은 더 길쭉해요.
- 스트로브잣나무에는 잣이 열리지 않아요. 소나무와 비슷한 날개 달린 씨앗이 들어 있어요.

잣나무

우리가 길가나 공원에서 보고 소나무라고 생각하는 나무들은 대개 리기다소나무이거나 스트로브잣나무예요. 둘 다 미국에서 최근에 들여왔는데 지금은 흔한 나무가 되었어요. 모두 비슷해 보이지만 바늘잎의 개수를 보면 바로 구별할 수 있어요. 또 솔방울이나 줄기를 보고 구별하는 수도 있으니 좀 살펴볼까요?

소나무
줄기는 위쪽으로 갈수록 붉고 거북 등처럼 갈라져요.

잣나무
줄기가 비늘처럼 벗겨져요.

리기다소나무
줄기에 잎이나 솔방울이 나 있어요.

스트로브잣나무
줄기는 녹갈색으로 밋밋하지만 나이가 들면 세로로 깊이 갈라져요.

소나뭇과 나무들은 솔방울이 달린다고 구과 식물이라고 부르기도 하고, 잎이 바늘 모양이라서 침엽수라고 부르기도 해요. 침엽수는 꽃이 피고 씨를 맺기까지 2년이 걸려요. 꽃가루받이가 끝나고 수정이 되는 데 1년 이상이 걸리기 때문이에요. 한 나무에 암수 꽃이 따로 피고 꽃가루가 바람에 날려 수정이 되는데, 꽃가루에는 공기주머니가 달려 있어서 바람이 조금만 불어도 멀리 날아가요. 5월에 날리는 노란 소나무 꽃가루를 송홧가루라고 해요.

소나무 가지는 해마다 새로운 마디가 나기 때문에 마디를 세어 보면 소나무 나이를 알 수 있어요. 소나무의 한살이를 살펴보아요.

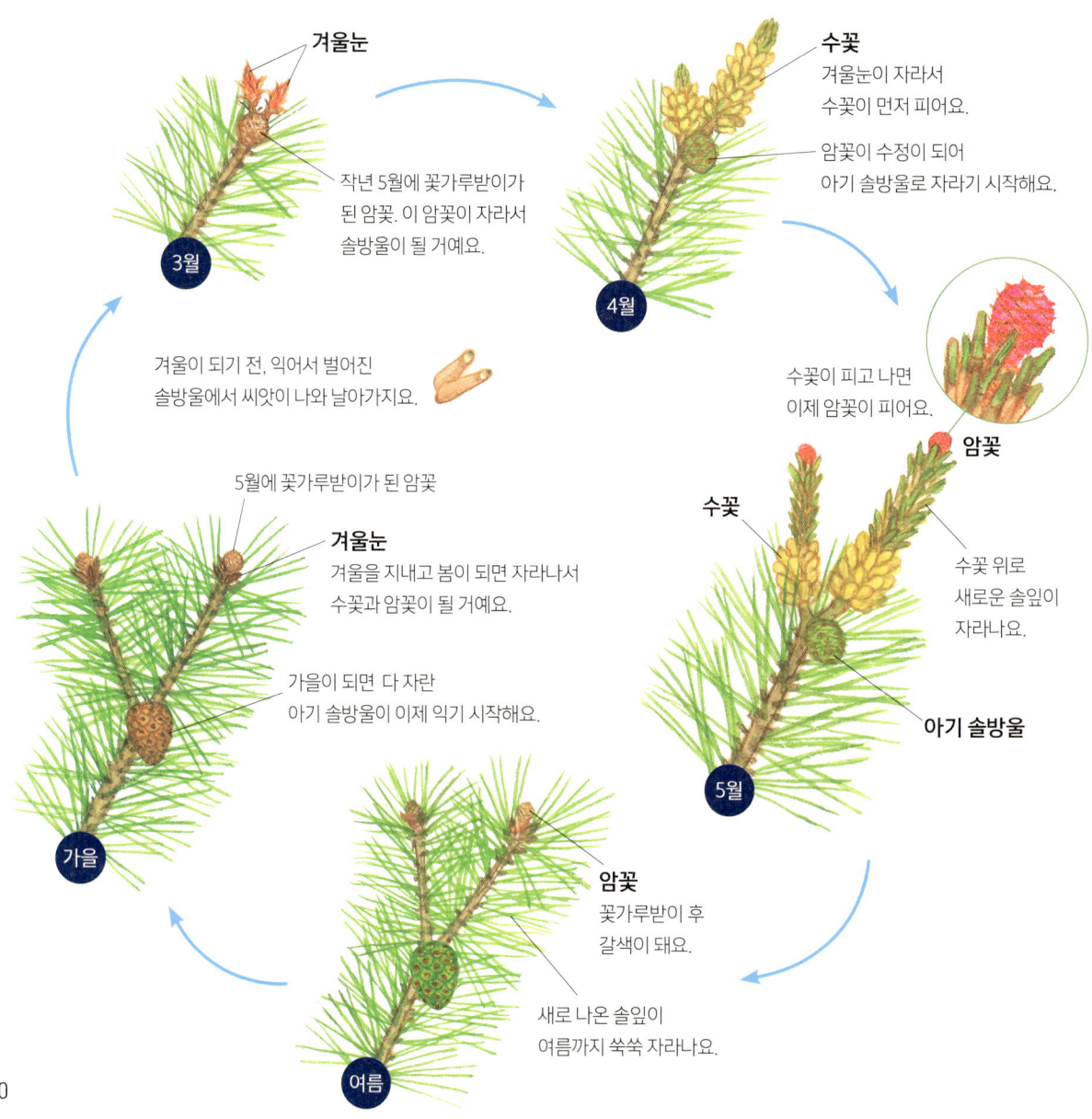

침엽수를 부르는 또 다른 이름에 상록수가 있어요. '사철 푸른 나무'라는 뜻이지요. 낙엽수가 가을에 잎이 떨어지는 이유는 증산 작용 때문인데, 넓은 잎으로 많은 물을 내보내다 보니 춥고 건조한 겨울에 말라 떨어지게 되는 거지요. 침엽수는 잎이 작아서 물을 많이 잃지 않고, 쉽게 얼지도 않아요. 또 받아들인 물을 보존하는 능력 때문에 푸른 잎이 지지 않고 추운 겨울을 날 수 있어요. 그렇다고 소나무가 늘 푸르기만 할까요? 소나무도 단풍이 들고 잎이 떨어져요. 솔방울이 익는 데 2년이 걸리는 것처럼 잎도 2년이 지나면 지기 시작하는데, 10년 넘게 붙어 있는 잎도 있대요. 대부분의 침엽수가 수시로 잎을 떨어뜨리고, 새로 난 잎은 항상 푸르게 겨울을 나기 때문에 겨울에도 푸른 상록수가 될 수 있는 거예요.

수지구
소나무 잎을 잘라 현미경으로 보면 잎의 둘레를 따라 작은 구멍이 있어요. '수지구'라고 부르는 이 구멍에서 기름이 나와서 아무리 추워도 얼지 않는 거예요.

우리나라의 소나무는 줄기에 붉은빛이 도는 육송과 바닷가에서 주로 자라는 해송이 있어요. 해송은 줄기에 붉은빛이 돌지 않고 검은색이라 곰솔(검은솔)이라고 부르지요. 다른 종류의 소나무로 반송과 백송이 있어요.

반송
줄기가 아래쪽에서 갈라져 자라요. 나무 모양이 쟁반같이 넓적하다고 반송이라고 부르는 거예요.

백송
줄기가 소나무와 달리 밋밋하고 큰 비늘처럼 벗겨지며 회백색이에요. 그래서 백송이라는 이름이 붙었어요. 오래전에 중국에서 들어왔지만 번식력이 약해서 그 수가 매우 적어요.

> 몸에 털이 없고 **반질반질**하면 **사슴벌레**,
> 몸에 **털이 보송보송**하면 장수풍뎅이

사슴벌레 수컷과 장수풍뎅이 수컷을 구별하는 건 어렵지 않아요. 둘은 아주 다르게 생겼으니까요. 암컷들을 구별하는 것은 쉽지 않아요.

사슴벌레

수컷 넓적사슴벌레

암컷 넓적사슴벌레

수컷 사슴벌레는 사슴뿔처럼 생긴 길고 단단한 큰 턱이 있어요. 생긴 모양 때문에 집게벌레라고 알고 있기도 하지만 집게벌레는 다른 벌레예요. 그리고 사슴뿔처럼 보이는 것은 뿔이 아니라 커다란 아래턱이에요. 기다란 큰턱 끝에 나 있는 이빨은 무기로 쓰거나 짝짓기 할 때 자신을 뽐내는 용도예요. 몸은 납작해서 비좁은 나무 틈으로 드나들기 좋아요. 암컷은 수컷보다 큰턱이 매우 짧지만 날카롭고 뾰족해서 단단한 나무도 쉽게 구멍을 낼 수 있어요. 나무를 파서 거기에 알을 낳지요.

하지만 관찰력이 아주 좋은 경우가 아니라 해도 한눈에 구별하는 방법이 있어요. 몸에 짧고 노란 털이 보송보송 나 있으면 장수풍뎅이예요. 사슴벌레는 몸에 털이 없어 반질반질하고 광택이 있지요.

장수풍뎅이

수컷 장수풍뎅이

암컷 장수풍뎅이

장수풍뎅이는 뿔이 2개 있는데 수컷만 있어요.
먹이와 암컷을 차지하기 위해 싸울 때 무기로 써요.
장수풍뎅이는 우리나라에 있는 딱정벌레 중
가장 몸집이 크고 몸통도 두꺼워요. 그리고 다리도
가장 굵지요. 그래서 버티는 힘이 강해 어떤 곤충과
싸워도 지지 않아요. 1쌍의 짧고 굵은 더듬이로
먹이 냄새를 맡고 암수를 구별해요.
장수풍뎅이는 어떤 소리도 들을 수 없어요.
하지만 몸에 난 털로 공기의 진동을 느낄 수 있지요.
암컷 장수풍뎅이는 짝짓기를 하고 나면 보통
30~40개의 알을 낳아요. 수십 일에 걸쳐서
낳기 때문에 알을 낳고 나면 지쳐서 죽고 말아요.

사슴벌레와 장수풍뎅이는 둘 다 딱정벌레목에 속하는 곤충이에요. 당연히 닮은 점이 아주 많아요. 딱정벌레의 특징인 딱딱한 딱지날개와 얇고 커다란 속날개가 각각 1쌍씩 있어요. 다리는 6개인데 마디마디에 작은 가시가 있고, 끝에 갈고리 모양의 뾰족한 발톱이 있어 나무에 잘 기어 올라가지요. 혀는 솔처럼 생겨서 나뭇진을 핥아 먹어요.

둘은 생긴 것만 비슷한 게 아니에요. 6~8월 여름밤에 주로 활동하며 참나무 진을 먹고 참나무에서만 짝짓기를 하는 등 생활 습성도 거의 같아요. 같은 시간에 같은 먹이를 먹어야 하니 종종 싸움이 벌어지지요. 물론 장수풍뎅이가 덩치도 크고 힘도 세서 이기는 경우가 많지만 사슴벌레도 쉽게 포기하지 않고 죽기 살기로 싸워요. 먹이를 많이 먹어야 좋은 짝을 만날 수 있거든요.

짝짓기를 끝낸 사슴벌레 암컷이 썩은 나무에 구멍을 내고 알을 낳았어요.

   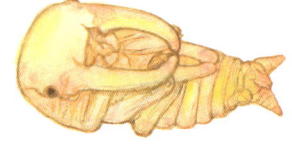

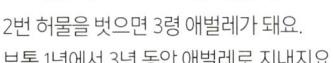

알
알은 2주쯤 지나면 애벌레가 돼요.

애벌레 **3령 애벌레**
2번 허물을 벗으면 3령 애벌레가 돼요. 보통 1년에서 3년 동안 애벌레로 지내지요.

번데기
번데기로 2~3주를 지낸 후 껍질을 벗고 어른벌레가 돼요.

여름에 어른이 된 사슴벌레는 숲으로 날아가지만 늦여름에 어른이 된 사슴벌레는 나무속에서 겨울잠을 자고 다음 해 여름에 숲으로 나가요. 애벌레로 지내는 기간도 사는 환경에 따라 달라져요. 사슴벌레는 턱의 생김새나 크기가 종류에 따라 다르기도 하지만, 같은 종이라도 애벌레 때 먹은 먹이나 환경에 따라서도 차이가 나요. 환경에 맞춰서 유연하게 생존하는 거예요.

장수풍뎅이는 땅속에서 9~10개월 동안 애벌레로 지내고 어른벌레로는 1~3개월 동안 살아요. 어른이 된 장수풍뎅이 수컷은 짝짓기를 하고 며칠 후, 암컷은 알을 낳고 다시 며칠 후 죽어요. 장수풍뎅이의 수명은 1년 정도인 거

짝짓기를 한 장수풍뎅이 암컷이 낙엽 쌓인 곳을 찾아 알을 낳았어요.

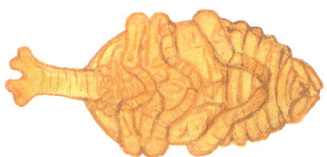

알
알을 낳은 지 열흘쯤 지나면 알껍데기를 뚫고 애벌레가 나와요.

애벌레
애벌레는 썩은 흙을 먹으면서 2번 허물을 벗어 3령 애벌레가 되면, 처음의 10배로 자라지요. 이 상태로 겨울잠을 자면서 겨울을 나요.

3령 애벌레

번데기
이듬해 늦봄이나 초여름 무렵 방을 만들어 번데기가 돼요. 여름이 되면 껍질을 벗고 어른벌레가 되지요.

지요. 그러니까 여름이 끝날 무렵 참나무 숲속 여기저기 죽어 있는 장수풍뎅이를 보더라도 너무 놀라지는 마요.

환경에 잘 적응하는 특성은 곤충이 어떻게 지구에서 오랜 시간 번성할 수 있었는지를 보여 주는 한 부분이에요. 지구상에 100만 종이 넘는 곤충이 살고 있는데 그중 딱정벌레는 40만 종 정도라고 해요. 하지만 실제로는 몇 배가 더 있을 거라는 게 과학자들의 생각이에요. 곤충은 어른벌레가 되는 시간이 짧고, 돌연변이도 많이 생겨서 환경에 따라 진화하는 속도가 빨라요. 그러다 보니 어떤 곤충을 찾아내는 속도보다 새로운 곤충이 생겨나는 게 더 빠르지요. 그래서 지구에 있는 곤충을 전부 알아내는 것은 거의 불가능한 일이에요.

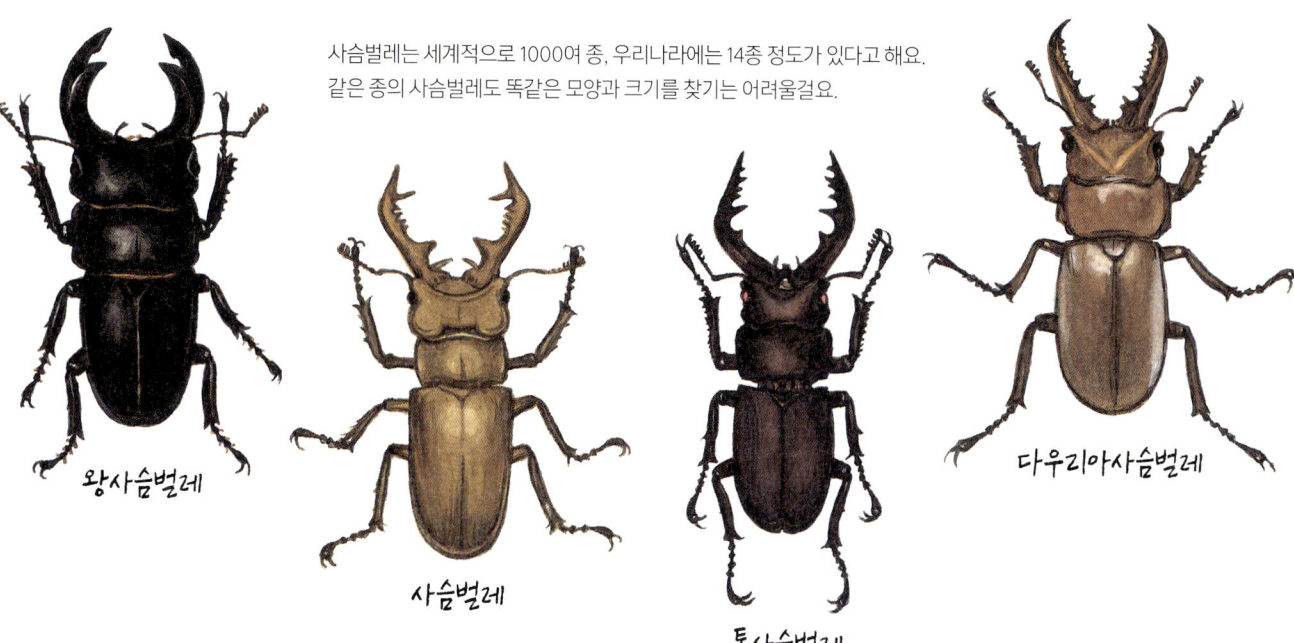

사슴벌레는 세계적으로 1000여 종, 우리나라에는 14종 정도가 있다고 해요.
같은 종의 사슴벌레도 똑같은 모양과 크기를 찾기는 어려울걸요.

왕사슴벌레 사슴벌레 톱사슴벌레 다우리아사슴벌레

날개가 2장이면 꽃등에, 날개가 4장이면 꿀벌

꽃등에는 파리목이고 꿀벌은 벌목이에요. 벌처럼 보이려고 애를 쓰지만 꽃등에는 파리라는 거예요. 그 사실을 알고 꽃등에를 보면 무늬만 벌이지 딱 봐도 파리 모양이라는 걸 알 수 있지요. 독침이 없으면서도 새나 천적들에게 "나는 침이 있는 벌이니까 건드리지 않는 게 좋을걸." 하고 몸으로 얘기하면서 센 척하고 있는 거지요.

모기
모기는 날개가 1쌍으로 파리의 한 종류예요.

꽃등에

더듬이가 짧고 눈이 커요.
날개는 1쌍, 2장이에요.
몸통 무늬 중간에
세로줄이 있어요.

파리와 벌의 가장 큰 차이점은 날개예요. 파리는 앞날개가 1쌍뿐이지만 벌은 다른 곤충처럼 앞날개와 뒷날개가 1쌍씩 있거든요. 파리의 뒷날개는 퇴화하여 흔적만 남았고, 뒷날개가 있어야 할 자리에 '평균곤'이라는 곤봉 모양 돌기가 돋아 있어요. '평균곤'은 파리가 날 때 균형을 잡아 주는 역할을 해요. 날개의 수는 다양한 곤충 무리를 구별하는 중요한 기준이에요.

또 파리는 벌보다 눈이 커요. 두 눈이 거의 붙어 있어서 사방을 모두 볼 수 있다고 해요. 그리고 눈에 잘 띄지는 않지만 입도 다르게 생겼어요. 꽃등에는 핥아 먹는 입으로 혀가 짧아요. 파리목의 특징이에요. 꿀벌은 빨아 먹는 입으로 혀가 길어요. 벌목의 특징이지요.

꿀벌

여왕개미
날개가 있는 여왕개미의 날개는 2쌍, 그래서 개미는 벌의 한 종류예요.

더듬이가 길고 눈은 작고
날개는 2쌍, 4장이에요.
온몸에 털이 보송보송해요.

뒷다리에 꽃가루
통이 있어요.

흔히 벌은 열매를 맺게 해 주고 꿀도 만드는 이로운 곤충이고, 파리는 병균을 옮기는 해로운 곤충이라고 생각하지요. 하지만 이것은 벌이나 파리 무리에서도 몇몇 종에 해당하는 얘기예요. 우리가 알지 못하는 종류도 있고, 사는 방법도 제각각이거든요.

세계에는 10만여 종의 벌이 있는데, 이들 중 대부분의 종이 홀로 살아가고 육식을 하는 벌도 아주 많아요. 또 모든 벌이 독침을 가지고 있는 것도 아니에요. 보통 꿀벌이라고 하면 '양봉꿀벌' 1종을 말해요. 양봉꿀벌은 아주 오래전부터 꿀을 얻기 위해 사람들이 길렀어요. 그러다 보니 가까운 곳에서 자주 보게 되어 벌의 일반적인 형태로 알려져 있지만, 꿀벌의 집단 사회 구조는 개미와 함께 벌목 중에서도 특이한 편에 들지요.

여왕벌
수벌과 짝짓기가 끝나면 벌통으로 돌아와 알을 낳는 일만 해요. 모든 일벌은 여왕벌이 낳은 암벌이에요. 여왕벌이 낳은 알 중 수정되지 않은 알은 수벌이 돼요. 그리고 여왕벌은 따로 태어나는 게 아니에요. 로열젤리를 먹여서 키운 애벌레만 여왕벌이 되는 거예요. 보통 애벌레는 처음 3일 동안만 로열젤리를 먹고 이후에는 꿀을 먹어요.

일벌
태어난 지 2주일이 되면 외출할 수 있고, 꽃가루 따는 일은 20일이 지난 뒤부터 할 수 있어요.

수벌
결혼 비행 때 여왕벌을 잃어버리지 않도록 홑눈과 더듬이가 상당히 커요. 수벌은 짝짓기가 끝나면 바로 죽기 때문에 독침이 없어요.

꿀벌은 일벌, 여왕벌, 수벌 3종류의 벌이 철저히 역할을 나누어서 사회를 유지하지요. 일벌은 벌집을 만들고 청소하고 애벌레를 기르고 꿀을 모으고 여왕벌을 보살피는 등 벌통이

벌집은 일벌들이 배마디에서 나오는 밀랍을 입으로 녹여서 지어요.
흔히 육각형으로 짓는다고 알고 있지만 사실 벌들이 육각형으로 맞춰서 짓는 건 아니에요. 원형으로 만드는데 일정한 크기로 빈틈없이 밀집하여 짓다 보니 저절로 육각형이 되는 거예요.

잘 유지될 수 있도록 거의 모든 일을 해요. 수벌은 초여름에 여왕벌과 짝짓기 하는 일만 해요. 여왕벌은 수벌과 짝짓기가 끝나면 벌통으로 돌아와 알을 낳는 일을 해요. 무리가 커지면 여왕벌은 새로 태어난 여왕벌에게 벌통을 물려주고 절반 정도의 무리를 이끌고 이사를 가요. 참고로 개미도 분가를 하는데, 개미의 경우는 새로 태어나는 여왕개미가 독립하여 새로운 둥지를 짓는 것이 다르지요.

왕대

벌통 구석에 따로 만든 방을 '왕대'라고 하는데, 왕대에 낳은 알에서 나온 애벌레들에게는 계속 로열젤리를 먹여서 키워요. 그중 가장 먼저 깨어난 벌이 나머지 애벌레를 모두 죽이고 여왕벌이 되어요. 새로운 여왕벌은 1마리만 있어야 하니까요.

수만 마리의 무리를 이끌고 둥지를 떠난 여왕벌은 일단 정찰 벌들을 보내 여러 곳을 살펴보게 해요. 그리고 돌아온 벌들의 의견을 모두 듣고 다 같이 회의를 하여 적당한 곳을 결정한 후 본격적으로 이사를 하지요. 참 신기하게도 거의 실패하지 않고 가장 좋은 곳으로 이사한다고 해요.

이렇게 큰 무리로 조직 생활을 하는 동물들에게 무엇보다 중요한 능력은 조직원들 사이의 의사소통이겠지요. 서로 싸우지 않고 역할을 나누고 정보를 교환할 수 있어야 조직이 잘 유지될 테니까요. 벌들이 서로 긴밀하게 의사소통한다는 건 알고 있지만, 어떤 방식으로 그렇게 세밀한 대화까지 나누는지 꿀벌의 대화를 좀 들어 보고 싶네요.

꿀을 찾을 때도 꽃의 위치를 서로에게 알려 주지요. 꽃밭이 50~100m쯤 되는 거리에 있으면 원으로 돌고, 100m보다 더 먼 곳에 있을 때는 8자를 그리면서 돌아서 방향과 거리를 알려 주는 거예요.

꽃등에 | 멍꽃등에 | 꼬마꽃등에 | 어리대모꽃등에 | 수중다리꽃등에

왕꽃등에

호리꽃등에

솜넓적꽃등에

꽃등에도 파리목이지만 우리가 흔히 생각하는 해충인 파리와 습성이 달라요. 대부분이 꽃 주위를 다니며 꿀을 먹고 꽃의 꽃가루받이를 돕는, 사람에게 해를 끼치지 않는 곤충이에요. 그리고 많은 종류의 꽃등에가 애벌레 때 진딧물을 먹기 때문에 식물들에게는 여러모로 이로운 곤충이지요.

꽃등에는 전국에서 봄부터 가을까지 볼 수 있는 매우 흔한 곤충이에요. 6000종 이상이 알려져 있지요. 그중에 침이 있는 꿀벌이나 말벌을 흉내 내는 종이 많아요. 많은 꽃등에가 벌 흉내를 내는 건 그리 놀랄 일이 아니에요. 파리목의 최소한 4분의 1이 벌 흉내를 내거든요. 파리뿐만 아니라 딱정벌레류인 하늘소나 나비류인 나방 중에도 벌 흉내를 내는 종이 많아요. 이렇게 천적들이 싫어하거나 두려워하는 강한 동물을 흉내 내어 자기 몸을 보호하는 것을 '의태'라고 해요.

별넓적꽃등에

말벌과 비슷하게 생긴 애기나방

벌호랑하늘소

긴알락꽃하늘소

의태는 독이나 침 같은 무기가 전혀 없는 작고 약한 곤충들이 포식자를 피해 살아남기 위해 몸을 보호하는 방법이에요. 꽃등에처럼 강한 곤충을 흉내 내는 경우가 있는가 하면, 나뭇가지나 낙엽, 흙, 씨앗 등 다른 생물이나 먹지 못하는 것들을 흉내 내는 경우도 많아요. 그것도 안 되면 새똥 흉내를 내기도 하지요. "더러우니 나를 먹지 마라." 하는 거예요.

이렇게 살아남기 위해 몸을 숨기는 방법이 다양하다 보니 새들 눈에만 안 띄는 게 아니라 사람들 눈에도 잘 보이지가 않는 것이 곤충의 또 다른 생존력이에요. 사람들 눈에 띄어 멸종되거나 멸종 위기에 놓인 동물들이 아주 많으니까요.

먹그림나비 번데기
나뭇잎 흉내를 내요.

가지나방 애벌레
나뭇가지 흉내를 내요.

가시가지나방 애벌레
새똥 흉내를 내요.

갈구리나비 번데기
나무에 돋은 가시 흉내를 내요.

자나방 애벌레
나뭇가지 흉내를 내요.

벌레와 곤충을 구별할 수 있나요?

'같은 말 아닌가?' 생각할 수도 있지만 곤충과 벌레는 다른 말이에요. 한마디로 얘기하면 벌레 안에 곤충이 포함돼요. 벌레는 사람, 새, 물고기, 조개 따위를 제외한 동물을 통틀어 이르는 말이거든요.

곤충은 벌레 중 곤충류에 속하는 동물로, 몸이 머리, 가슴, 배 3부분으로 이루어져 있고 다리가 6개인 벌레를 이르는 말이지요. 그래서 몸이 머리가슴과 배 2부분으로 나뉘어 있고 다리가 8개인 거미는 곤충이 아니에요.

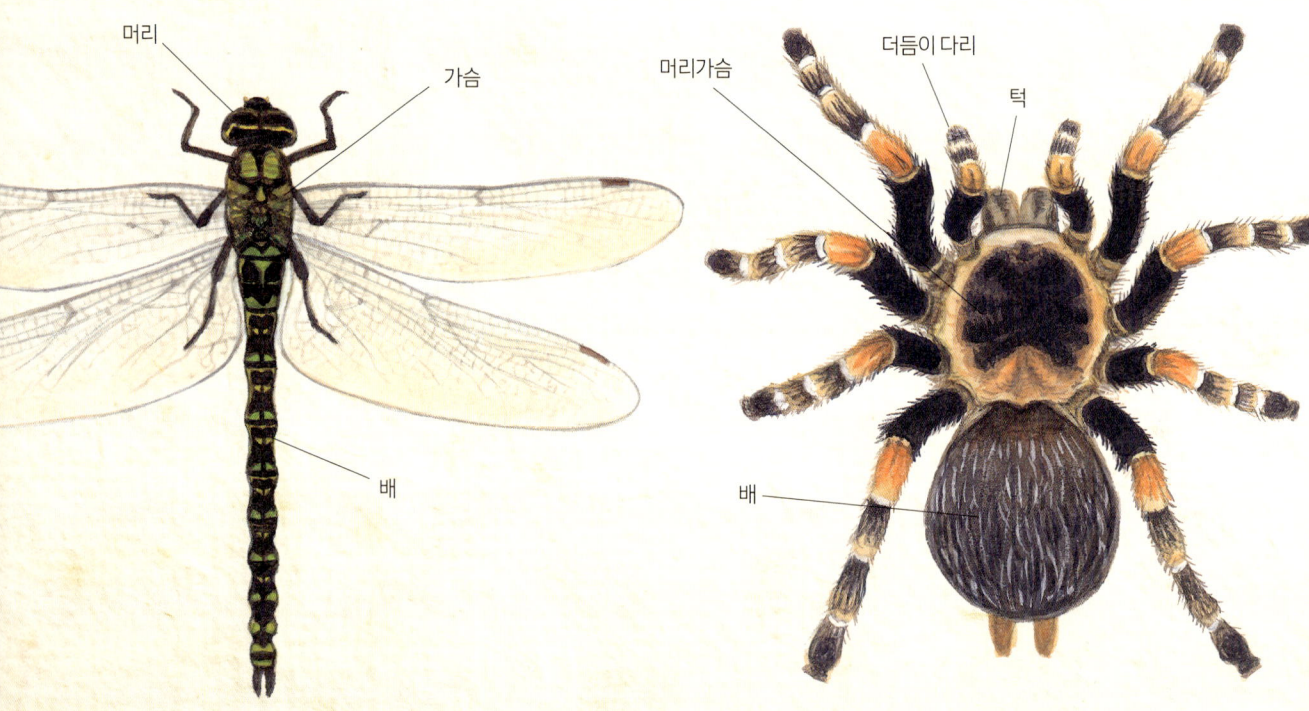

잠자리(절지동물문 곤충류)

곤충의 종류로는 잠자리 무리, 하루살이 무리, 딱정벌레 무리, 나비 무리, 파리 무리, 벌 무리, 메뚜기 무리, 노린재 무리 등이 있어요.

거미(절지동물문 거미류)

절지동물은 동물계에서 가장 큰 문으로, 100만 종 이상이 있어요. 절지동물에는 곤충류, 갑각류, 거미류, 순각류, 배각류 등이 있어요.

지렁이 (환형동물)

새우 (절지동물문 갑각류)

그러니까 벌레에는 곤충류와 함께 절지동물(거미), 환형동물(지렁이), 연체동물(오징어, 달팽이), 극피동물(불가사리)에 뱀이나 개구리, 도마뱀까지도 포함되어 있어요. 생각보다 범위가 넓지요?

아마 공룡이 지금까지 살아 있었다면 공룡도 벌레로 불리지 않았을까요? 주로 작은 동물들을 벌레라고 부르지만 사실 크기하고는 별 상관이 없다는 거예요. 그리고 거의 모든 곤충은 어른 곤충이 되기 전에 번데기나 애벌레로 벌레 시절을 거쳐요.

불가사리 (극피동물)

호랑이왕지네 (절지동물문 순각류)

달팽이 (연체동물)

사소한 구별법

초판1쇄 발행 2018년 1월 9일
초판8쇄 발행 2025년 8월 1일

글·그림 김은정 | 펴낸곳 한권의책 | 펴낸이 김남중
디자인 윤현이 | 스캔 예일정판
출판등록 2011년 11월 2일 제406-251002011000317호
주소 경기도 파주시 노을빛로 109-26 | 전자우편 knamjung@hanmail.net
전화 031) 945-0762 | 팩스 0303) 3139-6129

김은정 ⓒ 2017
ISBN 979-11-85237-34-3 73400
값 16,800원

잘못된 책은 바꿔 드립니다.
이 책 내용의 전부 또는 일부를 재사용하려면 반드시 저작권자와 한권의책 양측의 동의를 받아야 합니다.

이 도서의 국립중앙도서관 출판예정도서목록(CIP)은 서지정보유통지원시스템 홈페이지(http://www.seoji.nl.go.kr)와 국가자료공동목록시스템(http://www.nl.go.kr/kolisnet)에서 이용하실 수 있습니다. (CIP제어번호: CIP2017034962)

* 이 책은 한국출판문화산업진흥원의 출판콘텐츠 창작자금을 지원받아 제작되었습니다.